© Tina Neuburger

Lisa Graf-Riemann wurde in Passau geboren. Sie studierte Romanistik und Völkerkunde an der LMU München, in Murcia (Südspanien) und Coimbra (Portugal). Als feste freie Redakteurin war sie bei Kindlers Neuem Literaturlexikon und als Autorin und Redakteurin von Lehrwerken und Lernmaterialien für große Schulbuchverlage tätig. Sie spricht fünf Fremdsprachen und kennt sich auf der Iberischen Halbinsel bestens aus. Ihr Traumkontinent ist Südamerika. Heute lebt sie in den Berchtesgadener Alpen und frönt dort ausgiebig ihrer Berg-Leidenschaft, wenn sie nicht gerade Bücher schreibt oder auf Reisen ist.

1. Auflage
© Conbook Medien GmbH, Meerbusch, 2012
Alle Rechte vorbehalten.

www.conbook-verlag.de
www.1-5-1.de

Projektleitung und Lektorat: Birgit Schmidt-Hurtienne
Einbandgestaltung: LNT Design, Köln
Satz: David Janik
Druck und Verarbeitung: Printer Trento Srl., Italy

Printed in Italy

ISBN 978-3-943176-12-4

Bildnachweis (genannt sind die Nummern der Momentaufnahmen):
Lisa Graf-Riemann: 1, 3 (Gewölbe), 4, 5, 6, 7, 8 (Gebäude), 10, 11, 12, 13, 19, 22, 23, 27, 28, 31, 32, 33, 36, 38, 40, 41, 42, 43, 44, 46, 49, 50, 51, 52, 54, 58, 59, 60, 63, 66, 68, 70, 72, 73, 74, 75, 77, 78, 79, 80, 87, 88, 90, 92, 93, 94, 96, 101, 103, 104, 105, 109, 111 (Schweine), 112, 113, 114, 116, 117, 118, 121, 122, 124, 125, 128, 129, 131, 134, 135, 137, 139, 142 (Trauben), 143, 145, 146, 148, 149 – Kirsten Lux: 3 (Kaffee), 21, 24, 29, 35, 37, 62, 71, 82, 89, 98, 99, 110, 115, 126, 127, 132, 133, 136, 138, 140, 141, 144, 150 – Gabi Fischer von Weikersthal: 2, 14, 26, 48, 53, 55, 69, 84, 91, 111 (Laden), 119, 120 – Markus Claeßens: 16, 30, 47, 56, 57, 76, 86, 95, 108, 123, 142 (Puerta del Sol) – Eva Brandecker: 39 – Hubert Stähle: 64, 106 – Ottmar Neuburger: 9, 102, Danksagung – MUNICH® Sports & Fashion Shoes, Barcelona: 151 – Rike / PIXELIO: 67 – © and Courtesy of Manolo Blahnik Int. Ltd.: 97 – epmuts / PIXELIO: 100 – Leyo/wikimedia: 8 (Schild) – Slastic/wikimedia: 15 – wikimedia: 17, 34 – Ruggero Poggianella/wikimedia: 20 – Xemenendura/wikimedia: 25 – sordmut/wikimedia: 45 – jesús martínez/wikimedia: 61 – Grela/wikimedia: 65 – Arnoldius/wikimedia: 81 – Sigismund von Dobschütz/wikimedia: 83 – Pedroserafin/wikimedia: 85 – Tamorlan/wikimedia: 107, 130 – Elke Wetzig, Elya/wikimedia: 147 – Camper Together Store Jaime Hayon, Calle San Miguel 17, Palma de Mallorca, Foto Credit: Nienke Klunder: 18 – Autorenfoto: Tina Neuburger

SPANIEN

151

Portrait eines Landes mit vielen
Gesichtern in 151 Momentaufnahmen

Momentaufnahmen

Árbol de Navidad	8	Don Alfonso, Doña Carmen	76
Azafrán	10	Don Quijote de la Mancha	78
Azúcar	12	Doña Manolita	80
Baila	14	El alcornoque	82
Bajamos las persianas	15	El aperitivo	84
¿Barra o salón?	16	El bar	86
Bocadillos	18	El burro català	88
Botellón	20	El camarero	89
Buenos modales en la mesa	22	El clásico	90
Cabras	24	El colegio	92
Café bombón	26	El desayuno	94
Café con leche	27	El día e	95
Café Gijón	28	El drago	96
Café solo	30	El licor de madroño	98
Caganer	31	El menú del día	99
Cambio de guardia	32	El oso	100
Camino de Santiago	34	El País	102
Camper	36	El perroflautas	104
Campo peinado	38	El Rastro	106
Cante de las Minas	40	El romero	108
Carnaval canario	42	El tapeo	110
Carreteras radiales	44	El Tío Pepe	112
Carta a los Reyes Magos	46	El Toro de Osborne	114
Casas rurales	48	Estamos en crisis	116
Ceuta und Melilla	50	Estatuas vivas	118
Chiringuito	52	Euskara	120
Chocolate	54	Finisterre	122
Chocolate con churros	55	Flamenco	124
Chupa Chups	56	Freixenet	126
Churros	58	Gazpacho	128
Cine español	60	Gibraltar	130
Compra el gordo	62	Hacer cola	132
Compro oro	64	Hojas de reclamaciones	133
Comunidades Autónomas	66	Horchata de chufa	134
D.E.P. – Descanse en paz	68	Hoy pago yo	136
Desigual	70	Instituto Cervantes	138
Día de los indianos	72	La bota	140
Día del libro	74	La Catedral de Don Justo	142

4

La duquesa	144	Pipas, pipas	214
La España verde	146	Plaza del Potro	216
La familia	148	Plaza Mayor	218
La familia real	150	¿Por qué no te callas?	220
La fregona	152	Prohibido depositar basura	222
La Semana Santa	154	Queso manchego	224
La vestimenta	156	Refranes	226
La vuelta al cole	158	Los Reyes Magos	228
Las dos Españas	160	Roscón de Reyes	230
Las Fallas	162	Servicio a domicilio	232
Las Meninas	164	Servilletero	234
Las Palmas	166	Siesta	236
Leche y leche	167	Siete de la suerte	238
Los amantes del Retiro	168	Tarta de Santiago	240
Los chinos	170	¡Taxi, por favor!	242
Los cumplidos	172	Tetilla	243
Los guiris	174	Todo al suelo	244
Los indignados	176	Torcedor de puros	246
Los toros	178	Tortilla para picar	248
Loterías del Estado	180	¿Tú o usted?	250
Manolo Blahnik	182	Turrón	252
Manten tu ciudad limpia	184	Un besito	253
Mar de plástico	185	Un fino, por favor	254
Matamoros	186	Una barra de pan	256
Medianoche	188	Una boda	258
Mercados, mercadillos	190	Una multa	260
Mi casa es su casa	192	Una piñata	262
Montaditos	194	Uvas de la suerte	264
Mulhacén	196	Vegetal	266
ONCE	198	Ven a mi cumple	268
Pa amb tomàquet	200	Vendedores ambulantes	270
Paella	202	Verde	272
Pagar a escote	204	Vieira	274
Papas arrugadas con mojo	205	Virgen extra	276
Pata negra	206	Viuda de	278
Patio	208	Vivienda	280
Perros callejeros	210	Zapatillas Munich	282
Pili, Loli, Pati	212		

Vorwort

Was habe ich mit Churros zu tun? Was mit der Lotterie, dem abendlichen Tapas-Bummel oder dem Flamenco-Wettbewerb Cante de las Minas? Dieses Buch wirft 151 Streiflichter auf die spanische Gesellschaft, ihre Macken und Merkwürdigkeiten, ihre Traditionen und kulturellen Eigenheiten. Wie eine Lupe liegt dieser Blick von außen auf den geschilderten Details und ein bisschen fühlt man sich beim Lesen wie ein Kind, das alles zum ersten Mal sieht. Und ich muss zugeben, dass etwas von alledem, was Lisa Graf-Riemann hier erzählt, auch ich bin. In einigen Punkten finde ich mich selbst wieder und das schockiert mich fast ein wenig.

Man sagt, das Reisen lehrt uns zu sehen. Denn die Gesichter, in die wir täglich sehen, nehmen wir eigentlich gar nicht mehr richtig wahr. Wir gewöhnen uns an sie, wie wir uns an eine Last gewöhnen, die wir auf den Schultern tragen. Die vertrauten Dinge können uns nicht mehr aufrütteln. Die Spanienreise, die Lisa Graf-Riemann in 151 Stationen gemacht hat, hat mich ein wenig in meinem Kokon aufgerüttelt und mir ein paar tiefere Gedanken und Empfindungen beschert. Erinnerungen wurden wach an alte Vorhaben, Wünsche und Sehnsüchte. Ja, die Lektüre hat in mir eine gewisse Leidenschaft angefacht. Natürlich habe ich etwas mit den Churros zu tun! Ich erinnere mich an den Tag, als meine Mutter eine Churromaschine kaufte, um uns diese knusprige Köstlichkeit zu Hause selbst zu machen. Sie schmeckt ja nur richtig gut, wenn sie frisch ist. Ich erinnere mich daran, wie sie den Teig knetete und wie zufrieden sie war, wenn sie uns die Schleckerei servierte. Und ich erinnere mich an mich selbst, einen Menschen, der in seinem Leben nie Lotto gespielt hat, wie ich jedes Jahr vor Weihnachten ein Zehntellos der Weihnachtslotterie kaufte und es meinem Vater schenkte. Denn er war im Gegensatz zu mir ein unerschütterlicher Anhänger des Glücksspiels, das noch nie einen Armen reich gemacht hat.

Ich halte mich nicht für einen typischen Spanier, deshalb habe ich mich auch nie in dem Bild des *typical spanish* wiedererkannt, das wir Spanier früher selbst dafür benutzt haben, unsere eigenen Unzulänglichkeiten zu benennen und damit unsere Tendenz zum Fatalismus zu unterstreichen: Alles, was Pfusch und Stümperei war, haben wir als typisch spanisch bezeichnet und uns das Versagen selbst in die Schuhe geschoben. Aber ich weiß, dass es das persönliche, das familiäre Umfeld ist, in dem jemand sich so zeigt, wie er wirklich ist. Und Lisa Graf-Riemann hat ihren neugierigen, aber zärtlichen Blick auf Realitäten gerichtet, die eher im Privaten, im Alltäglichen auszumachen sind. Und dieses private Spanien ist vielleicht sogar das echte. Wenn Sie uns also kennenlernen wollen, lassen Sie sich auf Lisa und ihre Beobachtungen ein.

Carlos Ortega
Direktor des Instituto Cervantes in Bremen

(Übersetzung: Lisa Graf-Riemann)

1 Árbol de Navidad
Weihnachtsbaum, ganz ohne dunklen Tann

Eine Mutter hastet mit ihrem kleinen Mädchen an der Hand den U-Bahn-Ausgang *Sol* hinauf ins Freie. Man sieht dem Mädchen die Aufregung an den roten Bäckchen an. Oben angekommen, drehen sich beide wie auf ein geheimes Kommando um und rufen: »¡Ahhhhhhh, el ááárbol! Qué bonito, ¿noooo?«

Ja, hübsch ist er schon, der Madrider Weihnachtsbaum, grün und rot, und vor allem hoch. Stolze 51 Meter erhebt er sich über den belebtesten Madrider Platz. Eine Tanne stand Modell für diesen grünen Weihnachtskegel, aber Nadeln hat die katalanische Designerin Ágatha Ruiz de la Prada praktischerweise gleich ganz weggelassen. Der Baum ist aus lackiertem Metall und man kann ihn sogar innen begehen. Nachts ist er beleuchtet und seine Spitze ziert ein roter Glasstern aus der »Königlichen Glasmanufaktur La Granja«. Fröhlich sieht dieser Baum aus, nicht besonders feierlich. Und das entspricht genau der spanischen Weihnachtsstimmung.

3,8 Millionen Lichter versetzen ab Ende November die spanische Hauptstadt in ein weihnachtliches Lichtermeer. Das sind zwar 600.000 weniger als im Vorjahr, was den CO_2-Ausstoß immerhin um 35 Tonnen verringert. Aber so richtig sparsam sieht es trotzdem noch nicht aus. Vor allem in den Einkaufsstraßen rund um die Puerta del Sol und auf der Plaza Mayor, aber auch auf den vielen kleineren Plätzen der Stadt leuchtet die Weihnachtsdekoration in allen Farben. Und an der Plaza de Callao gibt es sogar eine kleine Eislaufbahn. Am Abend des 5. Januar, wenn die Heiligen Drei Könige angekommen sind und ihre Geschenke an die Kinder verteilt haben, ist es vorbei mit der Herrlichkeit und der Alltag kehrt zurück. Und das bedeutet im Januar für viele ein riesiges Loch im Geldbeutel. Aber schön war's auch dieses Jahr wieder.

2 Azafrán
Safran, das rote Gold

Safran ist ein teures Gewürz, das aus den Stempelfäden des Safran-Krokus *(Crocus sativus)* gewonnen wird. Sie werden in Spanien hauptsächlich in den Anbaugebieten der Regionen Valencia, Castilla-La Mancha, Aragón und Katalonien in Handarbeit geerntet. Geschmack und Aroma des Safrans sind bitter-herb, er hat eine intensive und stark färbende dunkelgelbe bis orange Farbe, bei der man sofort an die Gewänder buddhistischer Mönche denkt.

Da Safran eines der teuersten Gewürze der Welt und sehr begehrt ist, wurde er im Mittelalter sogar in Süddeutschland angebaut. Heute ist sein nördlichstes Anbaugebiet in Österreich und der Schweiz, wo es im Kanton Wallis ein ganzes Krokusdorf namens Mund gibt. Der kleine, lila Safran-Krokus blüht im Herbst und ist mit seinen langen, leuchtend roten Blütennarben unverwechselbar. Für ein Kilo Safran – Wert 2010 ca. 3.000 Euro – braucht man 250.000 Blüten und ganz viele flinke und zugleich vorsichtige Finger, die bei bedecktem Himmel morgens die Blüten ernten, solange sie noch geschlossen und die Stempelfäden in den Blüten geschützt sind. Die Blüten, in Spanien heißen sie *rosas*, werden dann von den Pflückern zu den Zupfern gebracht, die wiederum ganz vorsichtig die Stempelfäden abziehen. Sie stellen das eigentliche *oro rojo*, das »rote Gold«, dar.

Verwendet wird Safran natürlich in der Paella und anderen Reisgerichten, aber auch in der Zubereitung von Meeresfrüchten, *pinchos morunos* (Fleischspießchen mit Kreuzkümmel) und überhaupt in der Gourmetküche. Zur Färbung von Speisen, auch Süßspeisen, werden heute oft *colorantes*, künstliche Lebensmittelfarbstoffe, verwendet. Natürliche Fälschungen werden aus Kurkuma-Mischungen hergestellt. Aber auf spanischen Märkten bekommt man meist auch den echten Safran, als Fäden, *en hebra*, oder als gemahlenes Pulver, *molido* oder *en polvo*. Schon der Anblick ist eine Augenweide, macht aber auch hungrig.

3 Azúcar
Das arabische Erbe Spaniens

Was hat Zucker mit den Arabern zu tun? Aus dem Arabischen stammt das Wort *(as-sukkar)* und über Spanien kam es nach Europa. Fast 800 Jahre war Spanien von Arabern besetzt, nur eine kleine Enklave im Norden, im Kantabrischen Gebirge, blieb unbesetzt und von dort wurde die Reconquista, die Rückeroberung der Iberischen Halbinsel betrieben. 1492 fiel Granada als letzte arabische Bastion, es war dasselbe Jahr, in dem Kolumbus Amerika entdeckte.

Der arabische Einfluss war zu der Zeit bereits tief in der Kultur und Lebensweise der Spanier verwurzelt, obwohl die Katholischen Könige und alle nachfolgenden Herrscher versuchten, dieses Erbe zu tilgen. Gott sei Dank ist das nie ganz gelungen, sonst könnten wir heute keine Alhambra mehr besuchen und keine Mezquita in Córdoba.

Im spanischen Wortschatz haben über 1.000 Lehnwörter aus dem Arabischen bis heute überlebt. Man erkennt sie am Anfangsbuchstaben a, der dem arabischen Artikel entspricht: *aceite* (Öl), *aceituna* (Olive), *alcázar* (Schloss), *azahar* (Orangenblüte), *almohada* (Kopfkissen) stammen aus dem Arabischen. Und natürlich das schöne *ojalá* (hoffentlich), in dem das Wort Allah steckt. Es bedeutet ursprünglich »so Gott will«.

Heute leben in Spanien wieder etwa 1,5 Millionen Moslems, die meisten von ihnen sind aus Marokko und anderen nordafrikanischen Ländern eingewandert. Es gibt wieder arabische Teehäuser *(teterías)*, Geschäfte und Moscheen. Als 2010 moslemische Besucher allerdings versuchten, in der Mezquita von Córdoba, die im Mittelalter als Moschee erbaut und später als christliches Gotteshaus umgewidmet wurde, ein moslemisches Gebet zu sprechen, schritten die Wärter ein und eine Welle der Empörung ging durch die Presse im ganzen Land. Von Toleranz und Akzeptanz ist das heutige Zusammenleben von Christen und Moslems in Spanien bisweilen noch weit entfernt.

4 Baila
Tanz mit mir!

»Baila, baila, baila, báilame ...« –
»Tanz, tanz, tanz mit mir!«
Wer erinnert sich noch an diesen Hit
der Gipsy Kings aus den 1980er-Jahren
mit dem Textmix aus Spanisch,
Italienisch und einer guten Portion
Nonsens? Egal, schön war's doch und
Rhythmus und Bewegung haben
die Kings auf jeden Fall auf die
Bühne gebracht. Tanzen, das ist
für die meisten Spanier ein
Ausdruck purer Lebensfreude.

Wenn wir in Deutschland ein Fest feiern und Leute einladen, dann wird eingekauft und vorbereitet, die Gäste sitzen im Wohnzimmer und treiben Konversation, ein Teil steht in der Küche herum und plaudert, aber an die Musik hat wieder mal keiner gedacht, oder sie dümpelt leise im Hintergrund.

Auf einem spanischen Fest wird ebenso gegessen, getrunken, geplaudert, gelacht – aber irgendwann fragt einer, was ist denn eigentlich mit der Musik? Und während jemand sie lauter stellt, räumen andere schon die Tische weg und schaffen eine Tanzfläche, so klein sie auch sein mag. Zu einem gelungenen Fest gehört das Tanzen einfach dazu, der Spaß an der Bewegung und daran, sich ohne Worte auszudrücken. Gibt es irgendwo Musik, fängt auch bestimmt jemand zu tanzen an. Das kann auch auf der Straße sein, gar kein Problem. So wie hier, auf der Puerta del Sol, wo die ersten Paare sich nachmittags spontan zum Vals einer mexikanischen Mariachi-Gruppe drehten. »Hemos bailado como locos.« – »Wir haben wie die Verrückten getanzt.« Das ist jedenfalls mit Abstand das Beste, was es am nächsten Tag über eine Fiesta zu berichten gibt.

Bajamos las persianas
Rollläden runter!

Das typisch spanische Geräusch zum abendlichen Ladenschluss ist ein scharfes, metallisches Rrrrrums, wenn die metallenen Rollläden, die *persianas*, vor den Geschäften heruntergelassen werden. Sie sollen die Schaufenster und Ladeneingänge nachts vor Einbrechern schützen.

Ertönt dieses akustische Signal, dann weiß ich, was die Uhr geschlagen hat und dass ich mich nun sputen muss, will ich noch schnell Brot oder Milch, Waschmittel, Windeln oder ein Päckchen Aspirin erstehen. Jetzt aber schnell noch unter der bereits halb geschlossenen *persiana* hindurchgeschlüpft und eingekauft.

Die *persianas* sind so gut wie alle mit Graffitis besprüht. Urheber sind die *grafiteros*, die von manchen Leuten als Künstler, von anderen als Vandalen eingeschätzt werden. Bei vielen Läden hat man den Eindruck, die Eigentümer haben selbst die Besprühung ihrer Rollladenfläche in Auftrag gegeben, um den *grafiteros* keine freien Flächen zu bieten.

Ana López ist eine von ihnen. Sie ist seit sieben Jahren als *grafitera* in Bilbao unterwegs und hat eine Menge Spuren hinterlassen. Sie versteht sich als Künstlerin, die ihre Kunst mangels Leinwand und Atelier eben an Mauern, Zäunen und *persianas* ausübt. Ob sie sich vorstellen könne, dass es Menschen gibt, die sich von Graffitis gestört fühlen? Ja, sagt sie, sie könne sich das schon vorstellen, aber nachvollziehen könne sie es eigentlich nicht. Nun hat Ana einen Auftrag der Stadtverwaltung von Bilbao bekommen, offiziell und gegen Gage, Rollladenflächen in der Stadt zu bemalen. Einzige Vorgabe: Die Graffitis müssen thematisch zu den jeweiligen Geschäften passen. Der Wettbewerb, bei dem Ana López sich qualifiziert hat, heißt: *Bajamos las persianas!* – Lassen wir die Rollläden herunter!

¿Barra o salón?
Tresen oder Tisch?

Haben Sie sich auch schon mal gefragt, warum sich in Spanien immer alle am Tresen gegenseitig auf die Füße treten, anstatt sich ganz gemütlich an einen der vielen freien Tische zu setzen, wo man außerdem bedient wird und nicht mit Handzeichen oder Pfeifen den Kellner auf sich aufmerksam machen muss?

An der Theke, wo die Menschen wie Bienenschwärme kleben, alle eng beieinander, in mehreren Reihen hintereinander, wie Bücher in einem Regal von Leseratten? Wo man oft das Glas in der Hand halten muss, weil keine zehn Quadratzentimeter Platz mehr freizumachen sind? Wo die Serviette nach Gebrauch auf den Boden wandert, eben weil es keinen Platz auf dem Tresen dafür gibt?

Nun, zum einen scheint es allen immer dort am besten zu gefallen, wo schon ganz viele sind, wo richtig was los ist. Der zweite Grund ist etwas simpler und einleuchtender: Lesen Sie einmal diese Empfehlung des folgenden Mittagsmenüs. Es gibt Reissalat »drei Köstlichkeiten« als Vorspeise und Zitronen-Hühnchen als Hauptspeise.

»HOY RECOMENDAMOS: Ensalada de arroz tres delicias y Pollo al limón PRECIOS: BARRA 11,00 € – SALÓN 11,70 € – TERRAZA 14,00 € (sin postre o café)«

Auch ohne *postre* (Nachspeise) und Kaffee gibt es, man staune, drei verschiedene Preise. Am preiswertesten ist das Speisen direkt am Tresen, der kürzeste Weg für die Kellner. Am Tisch, im *salón*, ist es schon ein bisschen teurer, und draußen im Freien, auf der *terraza*, tut's dann doch etwas mehr weh, fast um ein Viertel teurer ist dort dasselbe Menü.

Jetzt wissen Sie also Bescheid. Und die erste Frage, wenn Sie ein Lokal betreten und etwas essen wollen, wird sein: *»¿Barra o salón?«*

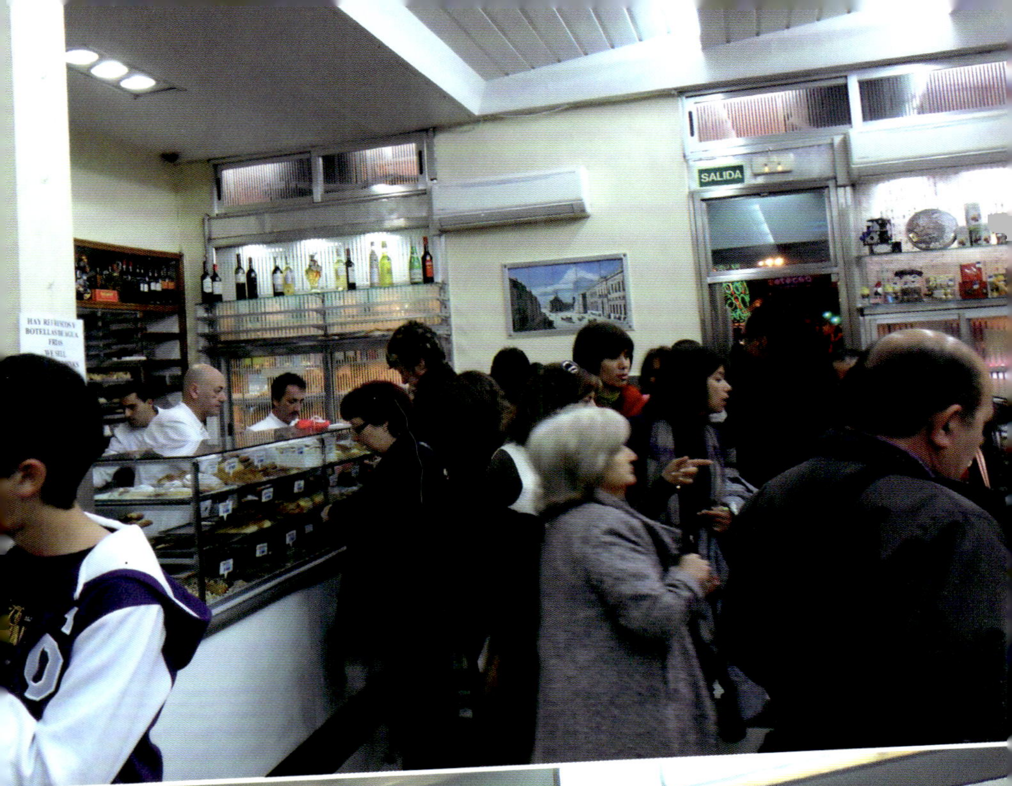
SALIDA

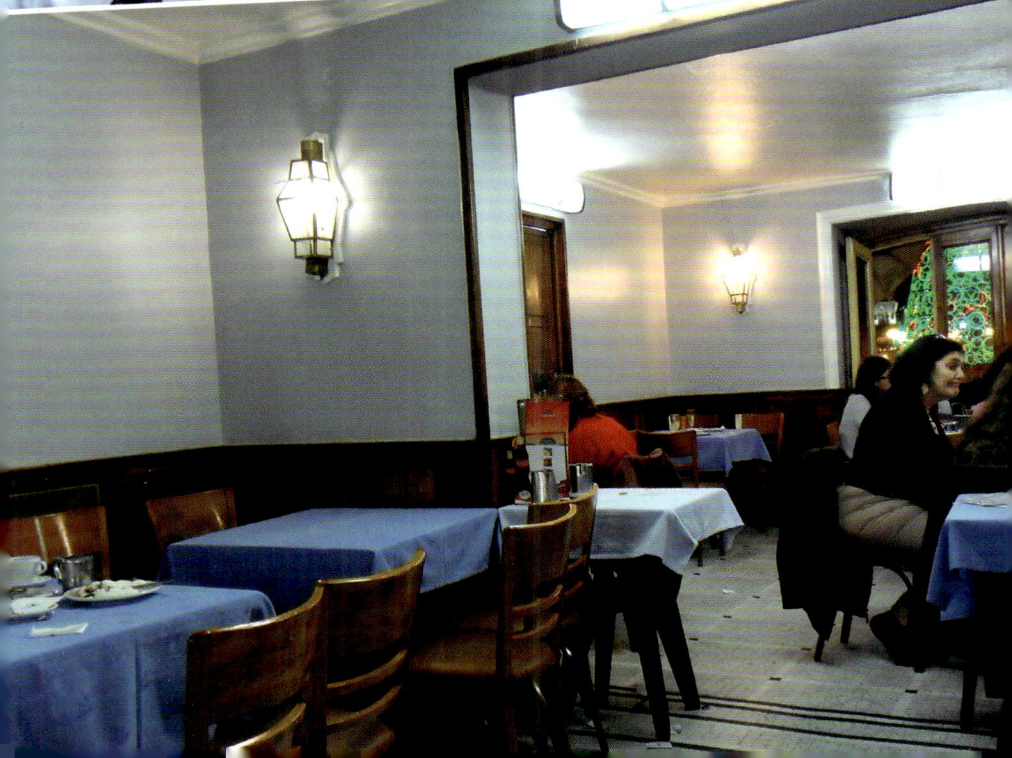

7 Bocadillos
Belegte Brötchen auf spanische Art

Jeder hat sein Lieblingsteil: Olga nimmt immer das mit *calamares*, frittierten Tintenfischringen. Für Santi muss unbedingt *jamón serrano* (Serrano-Schinken) mit drin sein, sonst ist er nicht glücklich. Carmen mag am liebsten das mit Manchego-Käse, nur alle drei Wochen bestellt sie sich eines mit *atún* (Thunfisch) – zur Abwechslung, sagt sie.

Die Rede ist vom spanischen *bocadillo*, einem Baguettebrötchen, das mit feinen Zutaten gefüllt wird: Schinken, Salami, Käse, Tintenfisch oder Tortilla, dem spanischen Kartoffelomelett. Es gibt kalte und warme *bocadillos*, welche mit Fleisch oder Fisch und vegetarische, das sind die mit Käse oder mit Omelett.

Bocadillos sind keine Sandwiches, die mit Salat und irgendwelchen Soßen oder Aufstrichen bestrichen werden. Die Füllung besteht meist aus nicht mehr als einer einzigen Hauptzutat, und sonst nichts. Ein *bocadillo de queso manchego* enthält nur Manchego-Käse, keine Butter, keine Mayonnaise, keinen Ketchup oder Ähnliches. Auch keine Salatmischungen und rohe Zwiebeln wie ein Döner. Da sind Spanier richtige Puristen.

Ramón schwört übrigens auf sein *bocadillo de chorizo* (Paprikasalami), das er mindestens fünfmal die Woche isst, mit einem Bierchen als *aperitivo* am späten Nachmittag oder als zweites Frühstück am späten Vormittag. Dabei ist es ihm ganz egal, dass das *bocadillo* für viele als proletarisches, billiges Essen gilt. Hauptsache es schmeckt. »Was, *chorizo* ist aus? Was machen wir da? Na gut, *lomo* (Schweinelende) ist auch okay. Ausnahmsweise.«

8 Botellón
Der große Durst

Was schleppen diese jungen Leute auf der Plaza de España nur in ihren Plastiktüten herum?

Es ist weit nach Mitternacht, die Kinos und die Geschäfte auf der nahen Gran Vía haben schon geschlossen, Polizeistreifen umkreisen die Parkanlage, halten an, kontrollieren Taschen und Personalausweise, reden auf die Jugendlichen ein. In den Plastiktüten, die sie mit sich herumtragen, zeichnen sich die 1,5-Liter-Jumboflaschen *(botellones)* ab, gefüllt mit Flüssigkeiten in Orange, Weiß oder Hellgrün, die man auf den ersten Blick für Cola, Fanta oder Sprite halten kann.

Dafür würde sich die Polizei aber kaum interessieren. In diesen großen Flaschen mit den bonbonfarbenen Zuckergetränken findet sich meist – Geruchsprobe genügt – ein hoher Anteil an scharfen Sachen: Wodka, Gin, Wermut ... Selbst gemixt, für den Eigenbedarf und das gemeinschaftliche Trinken draußen auf der Straße, in Parks, wo eben die Partys gefeiert werden oder für einen Diskobesuch »vorgeglüht« wird. Hier draußen, auf den öffentlichen Flächen, und nicht in den Lokalen wird getrunken, weil sich die meisten Jugendlichen das nicht leisten können. Dann lieber selber mixen und draußen trinken. Das ist in Spanien aber schon lange verboten und deswegen rückt auch die Polizei aus.

Der Park ist schlecht beleuchtet, halbblind stolpert man hindurch und kommt schließlich zum Monument zu Ehren des spanischen Nationaldichters Miguel de Cervantes, der von seinem Sockel herunterblickt auf seine Geschöpfe: Don Quijote, den Ritter auf seiner dürren Mähre, und Sancho Panza, seinen Knappe auf dem kurzbeinigen Esel, für immer treu an der Seite seines Herrn. Gerade Sancho war kein Kostverächter, was den heimischen Alkohol betraf. Dabei handelte es sich jedoch um ganz ordinären Rotwein, *vino tinto*, und aufbewahrt wurde er nicht in *botellones*, sondern in Schläuchen.

Prohibido " El Botellón"
en todo el Recinto Ferial

- Acuerdo de Junta de Gobierno Local Nº 557/10.
- Ley 7/2006, 24 de octubre, del Parlamento Andaluz.

»Trinken aus Riesenflaschen verboten«

Buenos modales en la mesa
Tischmanieren auf Spanisch

Gleich vorneweg: Ich sage nicht, dass alle Spanier sich durch vorzügliche Tischmanieren auszeichnen. Ich greife nur ein paar Beispiele heraus, was in Spanien unter guten Manieren bei Tisch verstanden wird.

Das erste Beispiel kommt aus der Mallorquina in Madrid, einer Konditorei mit langer Tradition. Spezialität des Hauses und das absolut meistverkaufte Produkt ist die *napolitana*, ein feines Hefegebäckstück, klassisch gefüllt mit *crema* (es ist eine Eiercreme, kein Vanillepudding, der dafür verwendet wird). Es gibt sie auch mit anderen Füllungen – aber versuchen Sie mal, sich die zu bestellen, oben im Salón der Mallorquina, an der Puerta del Sol. Vielleicht wird Ihnen, wie mir, der *camarero* den Wunsch mit sanftem Druck abschlagen und Ihnen raten, die Variante *clásica*, die klassische mit Creme, zu nehmen, denn sie ist eindeutig die bessere. Und wenn sie dann serviert wird, werden Sie staunen, auf dem Kuchenteller auch Messer und Gabel zu finden. Es ist sehr angenehm, das Teil damit zu essen, denn die Hände bleiben völlig zucker- und cremefrei.

Traditionell gelten gute Tischmanieren in Spanien als Zeichen von guter Erziehung und einem gewissen Grad an Bildung. Dazu gehört selbstverständlich, dass man beizeiten lernt, wie man Schalentiere isst, ohne dass Scheren und Panzer durchs Lokal fliegen oder im Schoß des Essenden landen. Eine spanische Freundin erzählte mir, sie habe als Kind noch von ihrem Vater gelernt, wie man eine Orange mit Messer und Gabel schält. Das war für ihn ein eindeutiges Zeichen von Kultur.

Was am Tisch wiederum gar nicht geht, sind so private (und unappetitliche) Dinge wie: mit einem Zahnstocher in den Zähnen herumzupulen, sich in der Öffentlichkeit die Nägel zu feilen oder die Haare zu bürsten. Unfein ist auch die Ankündigung »*Tengo que hacer pipí.*« – »Ich muss mal für kleine Mädchen« – oder wohin auch immer. Solcherlei Intimitäten gehören nicht in die Öffentlichkeit.

10 Cabras
Land der Ziegen

»La cabra siempre tira al monte« – Die Ziege zieht es immer auf den Berg! Dieses spanische Sprichwort kommt mir während meines Wanderurlaubs in Andalusien in den Sinn. In der Ferne entdecke ich eine scheckige Ziegenherde, die geschickt über das karge Gestein springt. Das Gebimmel der Glöckchen am Hals der Tiere hat etwas Heiteres, Leichtes.

Spanien ist eine wahre Ziegenhochburg: Von rund 12 Millionen Tieren in der EU leben 25 Prozent hier, Tendenz steigend. Die Ziegenzucht erlebt gerade ein Comeback, denn die Arbeitslosigkeit treibt viele Menschen aus den Großstädten zurück aufs entvölkerte Land, und einige versuchen sich dort als Ziegenhalter. Es könnte ein Beruf mit Zukunft werden, denn die verschiedenen Ziegenkäsesorten sind auf den Märkten sehr begehrt. Eine der besten wird auf Fuerteventura hergestellt, die Milch dafür liefert die Majorera-Ziege. Sie ist auch auf dem Logo der Insel abgebildet. Ein *Fuerte*-Aufkleber klebt auf fast jedem Auto auf der Insel und die Ziege ziert T-Shirts und andere Souvenirs.

Die *cabras* haben sich die diese Ehrenbezeichnung auch verdient. *Fuerte*, stark, intelligent und widerstandsfähig sind sie, anpassungsfähig und anspruchslos in puncto Futter- und Wasserqualität, und dabei liefern sie nicht nur Milch. Im Zweitjob sind sie Bio-Rasenmäher. Sie fressen trockene Büsche ab und verringern somit die Waldbrandgefahr. Dabei düngen sie gleichzeitig die Böden und sehen obendrein noch witziger aus als die Mähmaschinen. Wer also als *caprichosa*, als zickig, oder gar als *cabrón*, als Mistkerl – eigentlich Ziegenbock – betitelt wird, könnte sich eigentlich fast schon wieder freuen, oder?

Café bombón
Die Kaffeepraline

Ich weiß nicht genau, wer die Fans des *café bombón* sind und wo sie sich genau tummeln. Ich stelle mir eine Gruppe älterer Damen mit gepflegter Frisur und rosa oder apricotfarben lackierten Nägeln und perlenbestickten Handtäschchen vor, die in einem gediegenen Kaffeehaus sitzen oder in einer beliebten Konditorei.

Irgendwo, wo ich nicht so oft hinkomme oder zu Uhrzeiten, an denen ich anderes zu tun habe. Es gibt ihn nicht in jeder Bar an der Ecke, aber in den Cafés, die etwas auf sich halten, steht er immer auf der Getränkekarte.

Der *café bombón* ist die Praline unter den Kaffees, ein zuckersüßes, zweifarbiges Vergnügen, wie ein Biss in eine feine Mokkapraline. Er wird im Glas serviert, damit die optische Wirkung voll zur Geltung kommt. Das Glas, unten schmäler, oben breiter, nicht zu groß, üppig im Gehalt, aber nicht in der Menge. Unten die cremefarbene Schicht aus sämiger, gezuckerter Kondensmilch – ich glaube, die gibt es bei uns gar nicht – darüber der schwarze *café solo* (siehe Seite 30) mit seiner kaffeebraunen Crema. *Black and white – blanco y negro.* Erst ein Augenschmaus, dann, nach dem Verrühren, ein Gaumenschmaus. Dem Zuckerschock setzt man das mitgelieferte Glas Wasser entgegen. Oder eine *copita*, ein Gläschen Hochprozentiges.

Café con leche
Ein Milchkaffee

Spanien ist tatsächlich ein Land ohne Cappuccino – abgesehen vielleicht von ausgesprochenen Touristengegenden. Kein Cappuccino, keine Milch, die aufgeschäumt wird und als fluffige Schicht fast über den Tassenrand schwappt. Ich liebe italienischen Cappuccino, aber in Spanien geht er mir nicht einen Tag ab.

Denn in Spanien gibt es *café con leche*, und den mag ich fast noch mehr. Er ist nicht ganz so stark, hat weniger Espresso-Anteil, mehr Milch, das Missverhältnis ist aber nicht so groß wie bei einer Latte macchiato. Serviert wird der *café con leche* in der großen Tasse – nicht im Becher – oder, seltener, im Glas. Dann hat man manchmal ein Problem, weil er sehr heiß serviert wird und das Glas keinen Henkel hat.

Nett ist auch die Art, wie er serviert wird. Zumindest in Madrid bringt der Kellner im Café die Tasse mit dem Kaffee und dazu ein Kännchen mit heißer Milch, die er dann am Tisch, vor den Augen des Gastes, frisch aufgießt. Wer nicht so viel Milch haben möchte, sagt einfach rechtzeitig stopp. Das leere Kännchen nimmt der *camarero* dann gleich wieder mit.

Getrunken wird der *café con leche* in Spanien eigentlich nur am Vormittag. Nach dem Mittag- oder Abendessen bestellt man *café solo* (siehe Seite 30), höchstens einen *cortado*, einen Espresso mit einem Schuss Milch. Dazu auch gern eine *copita*, ein Gläschen Hochprozentiges. Menschen, die zu jeder Tages- und Nachtzeit *café con leche* bestellen, sind meist Ausländer. Aber: »*Sobre gustos no hay nada escrito.*« – Über Geschmack lässt sich bekanntlich nicht streiten.

13 Café Gijón
Eine Madrider Institution

Am Tresen des eleganten Cafés aus der Jahrhundertwende steht ein Mann in kurzen Hosen und Turnschuhen. Ein Kaffee im Stehen, ein kurzer Blick in die Sonntagszeitung, soviel Zeit vor dem Lauf durch den Park muss sein.

Die Shorts sind eigentlich unverzeihlich, aber wenigstens schwarz und bis fast zum Knie reichend, dezent, ja gediegen. Das Café Gijón ist eine Institution in Madrid. Es wurde über verschiedene Epochen von Intellektuellen und Literaten besucht, die hier ihre *tertulias*, ihre Treffen und Streitgespräche, abhielten.

Ein Taxi hält vor dem Eingang, eine elegante Dame in camelfarbenen Lederstiefeln und zum Kostüm passendem Designer-Täschchen steigt aus, läuft über die Fahrbahn hinüber auf den breiten, baumbestandenen Paseo de Recoletos und setzt sich an einen der Terrassentische, wo ihre Freundin sie schon erwartet. Ein Kellner in weißer Livrée eilt beflissen an den Tisch.

Im noch mäßig besetzten Café sind die Fensterplätze alle reserviert, bis auf einen. Den nehmen wir, bemerken jedoch, dass diese Eigenmächtigkeit dem Ober missfällt. Er war gerade dabei, ein *reservado*-Schild für genau diesen Tisch zu holen. Als wir unseren Fauxpas bemerken und den Ober darauf ansprechen, lächelt er fein und meint: »*Hay que disfrutarlo*« – »Man muss es genießen«, wenn man einen für Stammgäste reservierten Platz erwischt – und serviert uns die wahrscheinlich teuerste *tosta mixta* Madrids, die jedoch zugleich – ein Schelm, wer dabei an Rache denkt – nicht einmal mittlere Qualität erreicht. Der Kaffee dagegen ist ausgezeichnet und das Café selbst muss man einfach gesehen haben. Das nächste Mal nehmen wir freiwillig einen anderen Tisch.

14 Café solo
Ein Kaffee ohne Begleitung

Spanien ist bis heute ein Cappuccino- und Latte-macchiato-freier Fleck auf der Landkarte. In Spanien vermisst man sie nicht. Nicht einmal einen Espresso bestellt man in Spanien, sondern einfach Kaffee.

Un café ist ein Espresso, von der Menge her etwas mehr als in Italien und etwas weniger stark, vom Geschmack her aber auch sehr fein. In Unterscheidung zu anderen Kaffees heißt er auch *café solo* – Kaffee ohne Begleitung, sprich ohne Milch. Denn Zucker gehört auf jeden Fall in den *café*. Wie sagte der Kaffee zum Zucker? »Ohne dich wäre mein Leben bitter« – »*Sin ti, mi vida sería amarga.*«

Kommt Milch in den *café*, dann wird er zum *cortado*, zum »Verschnittenen« – eine Alternative für magenempfindliche Kaffeetrinker. Erst wenn der Kaffee zur Milch kommt, heißt das Ganze *café con leche* (Milchkaffee, siehe Seite 27). Er wird entweder in einer großen Tasse serviert oder auch im Glas, das allerdings nie so groß wie ein Latte-macchiato-Glas ist.

Dass ein *carajillo* noch etwas Schärferes als Milch und Zucker enthält, hört man schon am Namen. Es ist Schnaps oder Brandy, der da mit Karacho die Speiseröhre hinunterbrennt und für vorübergehende Betäubung der Magennerven sorgt, aber auch für Wärme und eine Art Reinigung.

Caganer
Das Scheißerchen

Der *caganer* oder Scheißer ist eine seltsame Figur. Man sagt ja, wenn man nervös ist und zu viel Angst oder Bammel vor jemandem hat, einem Vorgesetzten zum Beispiel, dann hilft es, wenn man sich denjenigen nackt vorstellt oder in Unterhosen.

Katalanen sind da noch drastischer. Sie stellen sich all ihre Promis, Politiker, Fußballstars etc. mit heruntergezogener Hose und nacktem Hintern, und – wie soll man es anders sagen – kackend vor. Das ist ein Heidenspaß, der auch vor den Mitgliedern des

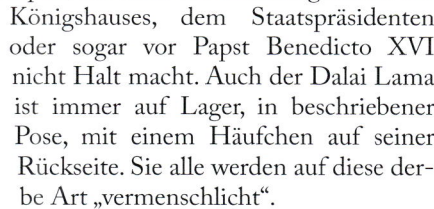

Königshauses, dem Staatspräsidenten oder sogar vor Papst Benedicto XVI nicht Halt macht. Auch der Dalai Lama ist immer auf Lager, in beschriebener Pose, mit einem Häufchen auf seiner Rückseite. Sie alle werden auf diese derbe Art „vermenschlicht".

Eigentlich ist der *caganer* ja eine ganz traditionelle Krippenfigur, zumindest in Katalonien. Da steht er, der Hirte mit seiner typisch katalanischen *barretina*, einer roten Wollmütze, an seinem angestammten Platz zwischen Ochs und Esel, mit heruntergelassener Hose und verrichtet sein Geschäft. Vielleicht ist er ein Sinnbild des Kreislaufs der Natur, vielleicht ein armer Mensch mit Darmgrippe. Oder es war die Geburt Christi, die ihm so auf den Darm geschlagen hat vor Aufregung. Für die Katalanen gehört er auf jeden Fall genauso zur Krippe wie Maria und Josef. Zu kaufen gibt es ihn auf dem berühmtesten Weihnachtsmarkt in Barcelona, der Fira de Santa Lucía oder im Internet. Dort kann man sich auch von der riesigen Auswahl an *caganers* überzeugen (www.caganer.com).

16 Cambio de guardia
Wachwechsel zu Pferd

Eine pompöse Inszenierung der Monarchie und ein touristisches Spektakel ist der wöchentliche Wachwechsel am Königspalast in Madrid. Immer mittwochs zwischen 11 und 14 Uhr, wechseln halbstündlich Teile der Infanterie und stündlich die berittenen Wachen in ihren blau-roten Paradeuniformen aus dem 19. Jahrhundert.

Richtig feierlich wird es einmal im Monat, jeweils am ersten Mittwoch, wenn um 12 Uhr mittags, *high noon*, 400 Wachen und 100 Pferde, begleitet von Pauken, Trompeten und Piccoloflöten zum Wachwechsel antreten, unter Hunderten von klickenden Digitalkameras der Schaulustigen. Der Madrider Palacio Real macht damit dem Londoner Buckingham Palace Konkurrenz. Dazu wurde der Wachwechsel ja auch wieder eingeführt. Erst seit 2007 gibt es den *Cambio de guardia* und den *Revelo solemne de la Guardia Real*, wie er offiziell heißt, den feierlichen Wechsel der Königlichen Wache.

Clevere haben sich schon frühzeitig die besten Plätze am Gitter vor dem Königspalast und auf den Stufen der Almudena-Kathedrale gesichert und erwarten die Uniformierten mit einer ähnlichen Spannung wie die Radrennfahrer bei der Vuelta a España. Im Gegensatz zu London, scheint in Madrid meistens die Sonne dazu und lässt die Tressen und Goldknöpfe an den Uniformen glänzen und den Stahl der Waffen blinken. Ein Anachronismus, eine Inszenierung. Sie findet ihren Abschluss in einem Standkonzert auf der gegenüber liegenden Plaza de Oriente.

Und dann gehen alle weiter, die Bustouristen zu ihren Bussen, die Teilnehmer an der Stadtführung zur nächsten Sehenswürdigkeit oder zum nächsten Spektakel. Die Individualtouristen, die mehr Zeit haben, schlendern durch den Park, wo sich ein Akkordeonspieler eingefunden hat und ein bisschen Pariser Flair verbreitet. Gleich nebenan bietet sich das Café de Oriente als stilvoller Ort der Erholung und Stärkung an. Seine historische Anmutung ist zwar ein Fake, tatsächlich wurde es erst in den 1980er-Jahren eingerichtet. Schön ist es trotzdem.

17 Camino de Santiago
Der Pilgerweg

»Buen camino« wünschen sich die Pilger beim Aufbruch zu einer neuen Etappe: »Guten Weg!« Eigentlich ein schöner Gruß, nicht nur für Pilger oder Wanderer.

Nach Santiago, zum Heiligen Jakobus wollen sie auf einmal alle. Und spätestens seit Hape Kerkelings Bestseller müsste auch jedem klar sein, dass es auf dem Camino fast schon so zugeht wie in den 1980ern auf dem Balneario 6 auf Mallorca, vulgo Ballermann. Man trifft Menschen aus aller Herren Länder auf dem Pilgerweg, zu Fuß, auf dem Rad, auf dem Pferd und mit dem Auto. Es ist also müßig, sich über den Nepp des Massentourismus zu ereifern. Einziges bekanntes Gegenmittel: nicht im Juni bis September aufbrechen und nicht die Hauptroute nehmen. Außerhalb der Saison und beispielsweise auf der Ruta del Norte über Santander und Oviedo, kann der Camino immer noch für Einkehr und Sammlung sorgen. Denn Gehen ist, wenn man gesund ist, eigentlich immer gut und die Schönheit der Landschaft ist einfach atemberaubend. Das öffnet ganz von selbst die Seele und bringt einen näher zu Gott.

Nach Rom und Jerusalem entwickelte sich der Weg nach Santiago im Mittelalter zur drittgrößten christlichen Wallfahrt. Ob es tatsächlich je ein Jakobusgrab oder die Gebeine des Heiligen in Santiago gegeben hat, bleibt eine Sache des Glaubens. Heute zählt der Weg jedenfalls zum UNESCO-Weltkulturerbe. Wer sich Heil, Erlösung und einen Ablass der Sünden von der Pilgerei erwartet, der sollte in einem »heiligen Jahr« nach Santiago pilgern, wenn der Geburtstag Santiagos, des spanischen Nationalheiligen, der 25. Juli, auf einen Sonntag fällt. Denn dann werden alle Sünden vergeben, automatisch. 2010 war ein solches Heiliges Compostelanisches Jahr, zu dem 270.000 Pilger nach Santiago kamen. Für die Absolution muss man zumindest die letzten 100 Kilometer zu Fuß gegangen sein. Zu Pferd oder Fahrrad erhöht sich die Mindeststrecke auf 200 Kilometer. 2021 ist es wieder soweit: Seien Sie also bereit!

LOS AMIGOS DEL CAMINO DE SANTIAGO
ESTELLA
15 - V - 2007

SANTA IGLESIA CATEDRAL
BURGOS

to - So - t

14/5/07

20

CAMINO DE SANTIAGO
FELISA
HIGOS - AGUA Y AMOR
LOGRONO
15 - 5 - 07

AYUNTAMIENTO
OSORNO LA MAYOR (Palencia)

18 - 5 - 07

15/5/07

Monasterio de Santa Maria la Real
Najera (La Rioja)

16/05/2007

AMIGOS DEL
TIAGO
GRINOS
OGRONO

LOS CAMINOS
SEÑOR, MUÉSTRAME
VIRGEN DE MONTES

16 - 05 - 07

centro
estudios
camino
santiago
sahagún
12 - 5 - 07

Astorga

18 Camper
Schuhe aus Mallorca

Ich habe keinen Schuhtick, aber aktuell drei Paar Camper im Schuhschrank stehen.

Einmal die bequemen Sneaker mit der charakteristischen Gumminoppensohle, die Urform des Camper-Schuhs, genannt »Pelota«. Nummer zwei sind schwarze Riemenpumps, ich nenne sie Flamencoschuhe, gekauft im Kaufhaus Corte Inglés in Córdoba und seit vielen Jahren in meinem Fundus. Nummer drei schließlich ist der Star unter den Pumps, mit etwas höherem Absatz, schwarz, ein schmales rotes Riemchen sorgt, zumindest gedanklich, für etwas zusätzlichen Halt. Der Clou ist aber eine aufgenähte Nelke aus Leder, deren grüner Stängel auf dem rechten Schuh wächst, sich dann auf den linken hinüberrankt, um dort schließlich seine Blüte zu entfalten. Auch das ist typisch Camper: Die Modellreihe »*Twin*« hat quasi aus eineiigen Zwillingen, die Schuhe ja für gewöhnlich sind, zweieiige gemacht, die sich ruhig ein wenig voneinander unterscheiden dürfen, auch wenn sie aus demselben Ei geschlüpft sind.

Camper – die nichts mit Camping zu tun haben – sind Kult und kommen aus Mallorca. Sie werden gesprochen wie geschrieben [Kamper]. Camper heißt im Mallorquinischen einfach »Bauer«. Lorenzo, der jüngste Sohn der Schuhfabrikanten-Dynastie Fluxá und zumindest im Geist ein echter Hippie, gründete 1975 sein eigenes Label und produzierte Leinenschuhe mit Sohlen aus Autoreifen, wie die mallorquinische Landbevölkerung sie trug. Dem Patriarchen gefielen sie nicht, aber er ließ seinen Jüngsten gewähren. Der eröffnete 1981 den ersten Camper-Schuhladen außerhalb Mallorcas, in Barcelona. Das Modell »*Pelotas*« (Bälle), das aussieht wie ein Sportschuh aus den 1940er-Jahren, wurde entworfen und trat 1992 seinen Siegeszug durch Europa und die Welt an: Woody Allen trägt diesen Schuh und Mick Jagger, sogar der chinesische Staatspräsident Jiang Zemin wurde auf einem Staatsbesuch in Frankreich darin gesehen – was die Franzosen naturgemäß nicht sehr freute. Die Philosophie, Schuhe vom Land für Städter zu produzieren, die sich wieder nach Wurzeln sehnen, ist aufgegangen. Längst sind auch die Camper-Läden Kult. Sie machen sogar dann glücklich, wenn man gar nichts kauft.

Camper Together Store Jaime Hayon, Calle San Miguel 17,
Palma de Mallorca, Foto: Nienke Klunder

19 Campo peinado
Andalusiens gekämmte Landschaften

In seinem Gedicht »*Los olivos*« (Olivenbäume), schreibt Antonio Machado (1875–1939) über die Landschaft Andalusiens:

¡El campo andaluz, peinado
por el sol canicular,
de loma en loma rayado
de olivar y de olivar!

Das andalusische Feld, gekämmt
von der Sommersonne
Hügel um Hügel gescheitelt
von Olivenhain und Olivenhain.

Olivenplantagen überziehen die Hügel um Baeza, Jaén, Úbeda, Cazorla. Es sind Städte, die tagsüber abweisend wirken und wie ausgestorben, weil die Menschen der Hitze entfliehen und ihre Häuser mit dicken Mauern wie dunkle Trutzburgen gegen das heiße Klima stellen, Fenster und Türen fest verschlossen. Erst am Abend bevölkern sich die Plätze, die Geschäfte öffnen nach langer Siesta wieder, die Motorroller knattern und das Leben wird wieder sichtbar, hörbar, spürbar.

Spanien ist weltweit der größte Olivenproduzent, und die größten Anbauflächen liegen in Andalusien. Die heute angebauten Sorten sind immer noch dieselben wie zur Beginn der Olivenkultivierung im 15. Jahrhundert. Es werden etwa 200 Olivensorten angebaut, die meisten zur Ölproduktion. Von den Oliven, die verzehrt werden, sind die Sorten Manzanilla und Gordal am weitesten verbreitet. Man kann sie nicht vom Baum pflücken und essen, denn sie müssen erst in Salzlake eingeweicht und gespült werden, bis sie ihre Bitterstoffe verlieren. Die schwarzen Oliven sind am Baum ausgereift, die grünen werden unreif geerntet. Das spanische Wort für Olive heißt übrigens *aceituna* und stammt vom arabischen *azzaytúna*. Olivenöl heißt *aceite*.

In der andalusischen Sierra de Grazalema

Cante de las Minas
Das Flamencofestival in La Unión, Murcia

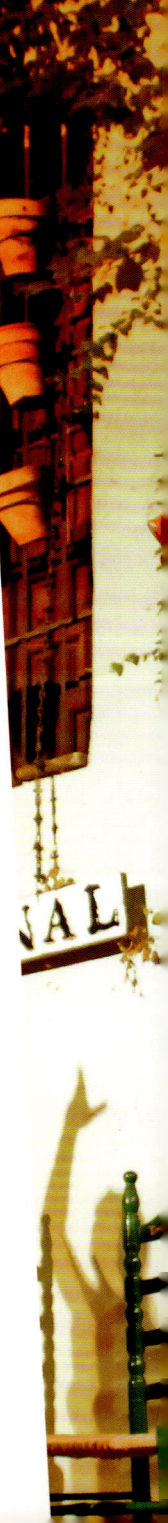

Nicht nur Profitennisspieler fangen früh an, auch Flamenco-sängerinnen wie Celia Romero, die Gewinnerin der *Lámpara Minera*, der »Grubenlampe« 2011.

Das ist die höchste Auszeichnung für *cantaores* (Flamenco-sänger) beim Festival Cante de las Minas in La Unión, in der Provinz Murcia. Celia fing mit sieben Jahren an, ihr Vater ist der Flamencogitarrist Félix de Herrera und betreibt eine eigene Flamencoschule in Badajoz. Sie war 16 Jahre alt, als sie den begehrten Preis gewann und eine große Zukunft liegt vor ihr.

Cante (Gesang), *toque* (Gitarrenspiel) und *baile* (Tanz), die drei Komponenten des klassischen Flamenco, sind auch die drei Preiskategorien des Festivals, das eine der bedeutendsten Flamencoveranstaltung der Welt ist. Schauplatz ist die ehema-lige Markthalle von La Unión, hier wird die Flamencotradition zusammen mit der Bergbaugeschichte dieser Region lebendig erhalten. Seit 1961 ist das Festival Talentschmiede und Trend-setter in puncto zeitgenössischem Flamenco. Die Kategorie Gesang genießt höchstes Ansehen beim Publikum und bei den *cantaores* selbst. Beim Gitarrenspiel heißt die Trophäe, für die sich spanische und internationale Gitarristen in den Ring wer-fen, Bordón Minero, und auch sie ist mit einem ansehnlichen Geldbetrag verbunden. Der Tanzwettbewerb ist der jüngste der drei, sein Preis heißt Desplante.

Das Festivalprogramm ist ein Feuerwerk an Musikveran-staltungen, Galaauftritten von Stars des Genres, Ausstellun-gen, Weinverkostungen, Lesungen und Kursen zum Mitma-chen. Der Eintritt zu den Veranstaltungen ist frei. Nur für die Galaabende muss man Karten kaufen. Das Festival findet jedes Jahr im August statt.

Carnaval canario

Karneval auf den Kanarischen Inseln

Kaum ist die Weihnachtszeit überstanden, beginnt für die meisten *canarios* (Bewohner der Kanarischen Inseln) eine weitere stürmische Zeit.

Der Karneval steht vor der Tür, und da ist es nicht damit getan, schnell in die *juguetería*, den nächsten Spielzeugladen, zu rennen und irgendein einfallsloses Kostüm von der Stange zu kaufen. Nein, besonders Teneriffa ist eine Hochburg des Karnevals – die europäische Antwort auf Rio de Janeiro sozusagen. Man darf diesen Vergleich ohne Hemmungen anstellen, denn mit ihren Umzügen, den in allen Farben schillernden aufwendigen Kostümen, den Menschenmassen und seinen heißen Sambarhythmen ähnelt der kanarische Karneval in vielen Aspekten dem brasilianischen. Das jährliche Highlight ist dabei die Krönung der Karnevalskönigin. Unter den zahlreichen Anwärterinnen wird diejenige mit dem jeweils kunstvollsten Kostüm gekürt, wobei das Kostüm meist fast soviel wiegt wie die Dame selbst.

Auf den kleineren Nachbarinseln geht es ähnlich rund. Die meisten Schulen lassen sich jährlich ein spezielles Motto einfallen. Stoffe werden bestellt, Schnittmuster aufgemalt und dann wird genäht, bis die Maschine heiß läuft. Gut, dass oft die *abuela*, die Großmutter, im selben Haus wohnt. Sie steht in dieser hektischen Vorbereitungszeit den Müttern tatkräftig zur Seite.

Richtig toll sehen sie dann aus, die Kinder in ihren bunten Kostümen, und ihre Eltern und Lehrer platzen fast vor Stolz, denn beim Umzug sind sie nicht nur Privatpersonen, sondern sie repräsentieren ihr *colegio*, ihre Schule. Begleitet von Trommeln und Trillerpfeifen ziehen sie durch die Stadt und es wird ausgelassen gefeiert.

Nach knapp zwei Wochen Dauerfiesta sind schließlich sogar die feierfreudigen *canarios* müde und freuen sich auf die Beerdigung der Sardine: *el entierro de la Sardina*. Ein Fisch aus Pappmaschee wird dabei von den Menschen in schwarzer Trauerkleidung durch die Stadt getragen und am Ende verbrannt. Damit endet der Karneval, aber das muss erst noch einmal kräftig gefeiert werden.

22 Carreteras radiales
Das spanische Straßennetz

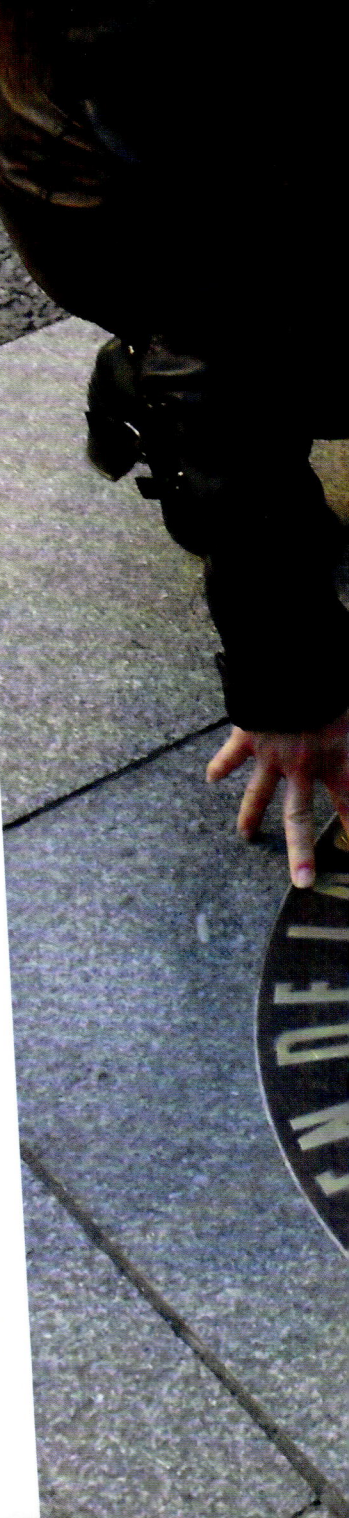

Spanien ist größer als Deutschland, aber nicht einmal halb so dicht besiedelt. Das Straßennetz ist sehr gut ausgebaut. Viele Kilometer gebührenpflichtiger *autopistas* (Autobahnen) und kostenfreier, zweispuriger *autovías* (Schnellstraßen) durchschneiden das Land. Alle Städte sind mit dem Pkw und dank eines dichten Netzes von Überlandbussen erreichbar.

Die heutigen Autobahnen gehen auf ein altes Wegenetz zurück, das aus den Zeiten König Carlos' III im 18. Jahrhundert stammt. Im 20. Jahrhundert wurden dann die *carreteras radiales de España* angelegt. Sie erschließen strahlenförmig das Land und haben ihren Ausgangspunkt mitten in Madrid, auf der Puerta del Sol, wo eine Bodenplatte den *kilómetro cero* (Nullkilometer) aller Landstraßen anzeigt.

Sechs Hauptverkehrsadern erschließen noch heute von der Hauptstadt aus die ganze Nation. Sie wurden ursprünglich durchgezählt von I bis VI und führten nach Irún im Norden, Barcelona im Nordosten, Valencia im Osten, Cádiz im Süden, Badajoz im Westen und La Coruña im Nordwesten. Das heutige Autobahnnetz folgt diesem ursprünglichen Plan, die Ziele sind dieselben geblieben. Heute werden die Autobahnen von A1 bis A6 durchgezählt und heißen Autovía del Norte, Autovía del Nordeste, del Este … Manche Abschnitte sind gebührenpflichtig *(peaje)*, manche frei. Mitunter laufen freie und kostenpflichtige Abschnitte auch parallel.

Das System hat überlebt und existiert auch in Zeiten fort, in denen der Zentralismus in Spanien längst passé ist. Und das aus einem einfachen Grund: Madrid ist nicht nur Hauptstadt und politisches Zentrum des Landes, es liegt auch noch ziemlich exakt in der geografischen Mitte Spaniens. Rund 400 km sind die West-Ost-Ziele entfernt, 600 km der Nordwesten und der Süden des Landes.

Carta a los Reyes Magos
Ein Brief an die Heiligen Drei Könige

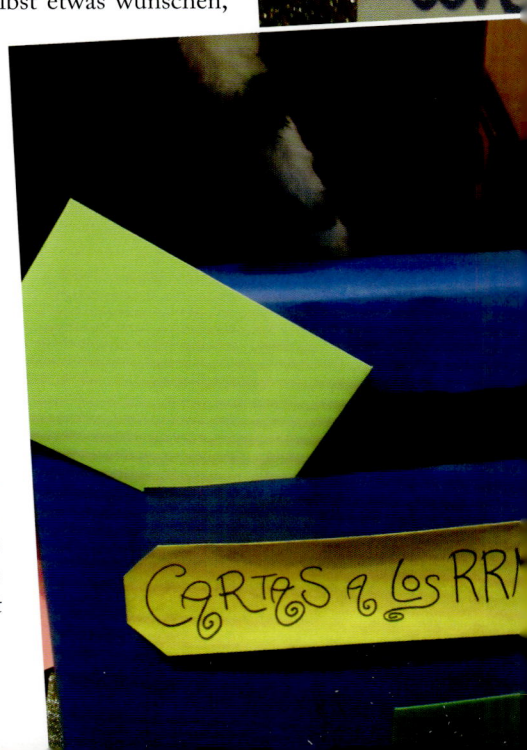

Liebe *Reyes Magos*: Dieses Jahr bin ich sehr brav gewesen, großes Ehrenwort! Fragt meine Mami. Ich wünsche mir ein Auto mit Fernsteuerung und ein Gormiti-Kostüm. Für Mama eine neue Küchenmaschine und für Papa einen neuen Flachbildschirm für seinen Computer.

Vielen Dank, Luis

So, jetzt habe ich alles richtig gemacht mit meinem Brief an die Heiligen Drei Könige. Zuerst versichere ich, dass ich immer brav gewesen bin. Na ja, immer ... Wenn man so eine große Schwester wie Lara hat, die mich behandelt, als wäre ich ein Baby, dann kann man nicht immer brav sein. Da muss man sich auch mal wehren, Notwehr quasi.

Mit meinen Wünschen habe ich nicht übertrieben, das ist auch wichtig. Die Könige mögen bescheidene Kinder. Und solche, die nicht nur für sich selbst etwas wünschen, sondern auch für Mama und Papa und ... Oh, meine Schwester Lara habe ich vergessen! Hähä, geschieht ihr recht.

Ich werde den Brief jetzt in einen Umschlag stecken und an die *Reyes Magos (RR.MM.)* adressieren. Dann übergebe ich den Brief entweder einem ihrer Pagen beim Dreikönigsumzug am Vorabend des 6. Januar oder meinen Eltern. Sie kennen die Adresse der Heiligen Drei Könige und schicken den Brief für mich ab. Und dann freue ich mich auf die Bonbons, die ich beim Umzug einsammeln werde und auf die Geschenke am Abend: das Gormiti-Kostüm und das Auto mit Fernsteuerung. Ob's für meine Eltern auch klappt, muss man sehen. So ein Flachbildschirm ist schon ziemlich teuer.

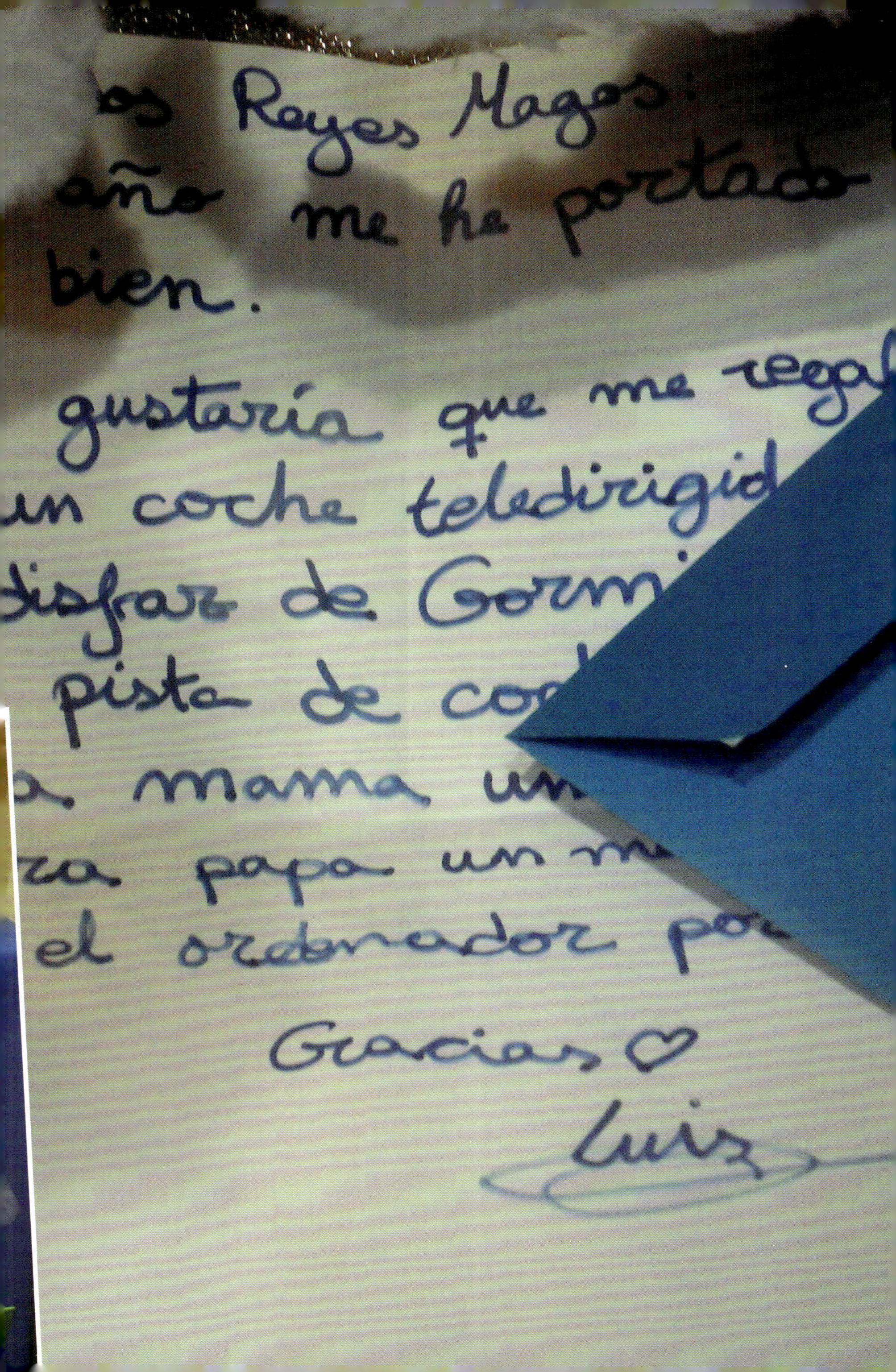

os Reyes Magos:
año me he portado
bien.

gustaría que me regal
un coche teledirigid
tisfaz de Gormi
pista de co
a, mama, un
za, papa, un m
el ordenador po
Gracias ♡
Luis

24 Casas rurales
Leben auf dem Land

»Hach, wie schön wäre es, in einem solchen Haus zu wohnen«, denke ich oft, wenn ich auf der Landstraße Richtung Mazo fahre. Die Strecke ist gesäumt von prächtigen Landhäusern, Fincas und Herrenhäusern im Kolonialstil. Ich kann es mir wirklich gut vorstellen, hier zu wohnen.

Als ich meinem Freund Nacho von meinem Traum erzähle, schüttelt der aber nur den Kopf. *»Pero chica, ¿qué quieres en el campo?«* – »Also echt, Mädel, was willst du denn auf dem Land? Ist doch viel besser und praktischer, in der Stadt zu leben!«.

Nacho ist ein junger Kerl um die 30, mit seiner Meinung steht er nicht allein. Die meisten Spanier ziehen ein Leben in der Stadt dem Landleben entschieden vor. Während mich die ewig gleichen Neubausiedlungen, die überall aus dem Boden gestampft werden, eher abstoßen, erfüllt sich für viele junge Leute und Familien in Spanien bei der Schlüsselübergabe der Traum vom Wohnen, wenn sie so eine Neubauwohnung, am besten möglichst zentral gelegen, beziehen dürfen. Individualität ist in puncto Wohnen kein besonders hoher Wert.

Die Landflucht hat Tradition in Spanien. Früher sind die Leute vom Land in die Städte gezogen, auf der Suche nach Arbeit. Die meisten jungen Spanier haben heute mit einem ruhigen, naturverbundenen Leben auf dem Land überhaupt nichts am Hut. In der Stadt ist einfach mehr los, *»más movimiento«*. Mittlerweile stehen in Spanien allerdings rund 1.500.000 Wohnungen leer, weil völlig am Bedarf vorbei gebaut wurde. Zum Glück gibt es gute Projekte der Landwirtschaftsbehörden: Mithilfe von Subventionen wurden viele alte Bauernhäuser zu sogenannten *casas rurales* umgebaut, zu schönen Landhäusern, die besonders den Individualtouristen gefallen. Auf diese Weise wurden viele Häuser vor dem Verfall und ihre Besitzer vor dem Ruin gerettet.

Ceuta und Melilla
Spanien in Afrika

Was den Spaniern Gibraltar ist, sind den Marokkanern Ceuta, Melilla und ein paar unbewohnte Eilande vor der marokkanischen Küste, die Spanien für sich beansprucht: ein Dorn im Fleisch.

Namentlich bekannt und im kollektiven Gedächtnis noch vorhanden ist die Isla Perejil (Petersilieninsel), um die es vor einigen Jahren ein paar diplomatische Scharmützel gab. Aber die beiden Enklaven Ceuta und Melilla mit jeweils ca. 80.000 Einwohnern, in denen Spanisch gesprochen und mit Euros bezahlt wird, sind nicht nur für Marokko ein Problem. Mit sechs Meter hohen und dreifachen Stacheldrahtzäunen schützen sich die spanischen Exklaven gegen den Ansturm von zumeist Schwarzafrikanern, für die diese spanischen Territorien einen Brückenkopf nach Europa darstellen. Aber Mauern, Festungswälle, Bewegungsmelder und Wachpatrouillen hindern sie daran, ihn zu erreichen.

Erobert wurde Ceuta 1415 von den Portugiesen, die es 1668 an Spanien abtraten. Melilla ist seit 1497 in spanischem Besitz. Seit 1995 sind beide *ciudades autónomas* (Städte mit Autonomiestatus) innerhalb der spanischen Nation. Für viele sind sie Relikte aus der Kolonialzeit. Andere halten dagegen, die spanischen Exklaven gebe es schon sehr viel länger als die marokkanische Nation. 2.500 Menschen haben 2011 die Zäune und Festungswälle überwinden können und sind in den Auffanglagern der beiden Städte untergekommen. Ohne die Mithilfe Marokkos wäre diese Zahl um ein Vielfaches höher. Auch deshalb hält König Juan Carlos I engen Kontakt zu seinem »lieben Vetter« Mohamed VI von Marokko.

26 Chiringuito
Die Strandbar

Ein *chiringuito* ist eine Mischung aus Kiosk und Strandbar. Er kann eine halbnomadische, offene Zeltkonstruktion sein oder auch eine feste Einrichtung, ein Häuschen für ein meist kleineres Lokal am Strand oder in Strandnähe.

Im Grunde braucht jede *playa*, also jeder Strand, und jeder *playero*, jeder Strandbesucher, sein *chiringuito*. Wo sonst könnte er sich von der Hitze erholen und sich mit einem *refresco*, einem Erfrischungsgetränk, oder einer *cerveza*, einem kühlen Bierchen, den Sand von Lippen und Zunge spülen. Was für eine Wohltat!

Schatten und kühle Getränke sind die Mindestausstattung jedes *chiringuitos*. Die Pflicht sozusagen. Die Kür sind *bocadillos* (belegte Brötchen, siehe Seite 18) und frisch zubereitete Tapas mit dem, was das Meer hergibt: *sardinas* (Sardinen), *gambas* (Garnelen), *calamares* (Tintenfisch) oder *mejillones* (Miesmuscheln). Billig sind Tapas eigentlich nie, auch im *chiringuito* nicht. Aber die Häppchen sind ja auch nur als Aperitif gedacht, man isst eine oder zwei Tapas, nicht mehr. Und Aperitifzeit ist in Spanien, wenn in Deutschland das Abendessen schon wieder vorbei ist, also gegen 19 bis 20 Uhr.

Die Mutter aller *chiringuitos* ist ein weiß-blaues Häuschen am Strand von Sitges, 35 km südlich von Barcelona. Seit 1913 steht schon das gleiche Hüttchen hier, wenn auch nicht immer dasselbe. Denn es wurde mehrfach von der Flut hinweggespült, aber immer wieder originalgetreu wiederaufgebaut.

Relaxen, genießen, sich den Wind um die Nase wehen lassen, *picar algo*, eine Kleinigkeit essen, ein kühles Getränk schlürfen und dabei die Leute beobachten. Das ist Urlaub, Müßiggang, Entschleunigung.

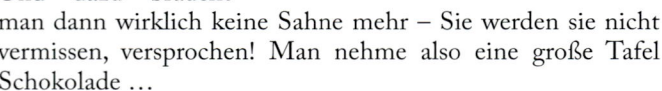

Chocolate
Heiße Schokolade

In Spanien eine Tasse heiße Schokolade trinken, das ist wie Naschen – aber ausgiebig. Mit einem deutschen Kakao hat sie fast nichts zu tun.

Sie ist, wie die Konsistenz andeutet und das Probieren bestätigt, aus Schokolade. Und dazu braucht man dann wirklich keine Sahne mehr – Sie werden sie nicht vermissen, versprochen! Man nehme also eine große Tafel Schokolade …

Hier ein gutes Rezept für *chocolate*. Es ist für vier Personen, Sie müssen nicht alles selbst auslöffeln.

Zutaten
120 g   gute Schokolade mit 70 % Kakao-Anteil
50 cl   Milch
30 g   Kakao, ungesüßt
45 g   Puderzucker

Zubereitung
Schokolade reiben. Milch, Kakao, Puderzucker unter ständigem Rühren erhitzen – nicht kochen! – die zerkleinerte Schokolade dazugeben und umrühren, bis sie sich gut aufgelöst hat. Sehr heiß servieren.

Tipp der Köchin
Gewissensbisse unbedingt verkneifen, sie schaden dem Genuss. *»¡Que aproveche!«* – Lassen Sie es sich schmecken!

Chocolate con churros
Die Kalorienbombe

Die Schwester der *churros* (siehe Seite 58), oder vielmehr ihr Bruder, ist *el chocolate*, denn im Spanischen ist die Schokolade männlich.

Ihr Zusammentreffen findet in eigenen Etablissements, den *chocolaterías*, statt. Davon gibt es einfache, mit Resopaltischen und Metallstühlen, oder edlere, die eine lange Kaffeehaustradition haben, wie die berühmte Chocolatería San Ginés in Madrid, die es bereits seit 1894 gibt.

Ans Wiener Kaffeehaus erinnert auch das Einstippen des Gebäcks in das heiße Getränk – in Madrid sind es keine Kipferl, sondern eben *churros*. Eine spanische *chocolate* ist nichts für Warmduscher und Kalorienzähler (siehe links). Es handelt sich dabei nämlich nicht um Kakao, sondern um geschmolzene Zartbitterschokolade. Sie ist so dick, dass ein eingestippter *churro* eigentlich von selbst darin stehen bleibt.

Praktischer Tipp: Üblicherweise bestellt man nicht einen oder zwei *churros*, sondern ein halbes Dutzend *(media docena)* oder, zu mehreren, ein Dutzend *(una docena)*. Gibt es feste Portionen, dann sind es meist sechs bis acht Stück. Sie können also auch zunächst eine Portion für zwei bestellen, zum Probieren. Man kann zu den *churros* natürlich auch einen *café con leche* (Milchkaffee, siehe Seite 27) trinken.

Chupa Chups
Ein Bonbon am Stiel

»Mamá! Un chupachús, un chupachús!«, quengelt der kleine Luis an der Supermarktkasse. Der kleine Mann hat gerade den Chupa-Chups-Aufsteller entdeckt, der geschickt in Augenhöhe aller Kleinkinder platziert ist.

Sie sehen ja auch zu schön aus, diese kunterbunten Lollis mit dem prägnanten Logo in Form einer Blüte, das kein Geringerer als Salvador Dalí in den 1960er-Jahren für die katalanische Firma entwarf. In allen erdenklichen Farben lachen Chupa Chups einen von den Ladentheken an, da schlagen nicht nur Kinderherzen höher. Denken Sie an Telly Savalas alias Kojak in der Serie »Einsatz in Manhattan«: Sein Markenzeichen war der Lolli.

Dass er mit seiner simplen Idee einen solchen Kult begründen sollte, damit hatte Enric Bernat sicher nicht gerechnet, als er 1958 den ersten Lutscher erfand. Die Idee dazu hatte er, als er der Klage einer Mutter lauschte, die sich über die ewig von Süßigkeiten klebrigen und verschmierten Hände ihres Kindes und seiner Oberbekleidung beschwerte. Bernat, der zu diesem Zeitpunkt noch in einer Marmeladenfabrik arbeitete, ersann daraufhin das erste gestreifte Bonbon auf einem Holzstab und verkaufte es für eine Peseta das Stück.

Seine Erfindung schlug ein wie eine Bombe, und nach dem Ende der Franco-Diktatur expandierte die Firma auch über die spanischen Grenzen hinaus. Mittlerweile gibt es wohl nur noch wenige Länder, in denen die beliebte Süßigkeit nicht erhältlich ist. Etwa vier Milliarden Chupa Chups werden jährlich weltweit verkauft. In allen erdenklichen Geschmacksrichtungen gibt es das bunte Glück: Apfel, Vanille, Coca-Cola, Erdbeere ..., doppelt eingewickelt in knisternde Folie. Der erste Werbeslogan lautete: *Ès rodò i dura molt.* – Es ist rund und hält lange an. *Chupar* bedeutet übrigens lutschen, Chupa Chups heißt also: Lutsch den Lutscher. Dieser Aufforderung kommt die Welt gerne nach.

30 Churros
Schmalzkringel

Churros sind ein spanisches Nationalgericht. Wie in Frankreich die dünnen Crèpes, gibt es in Spanien auf jedem Jahrmarkt, in öffentlichen Parks, auf Märkten und bei Straßenfesten *churros*.

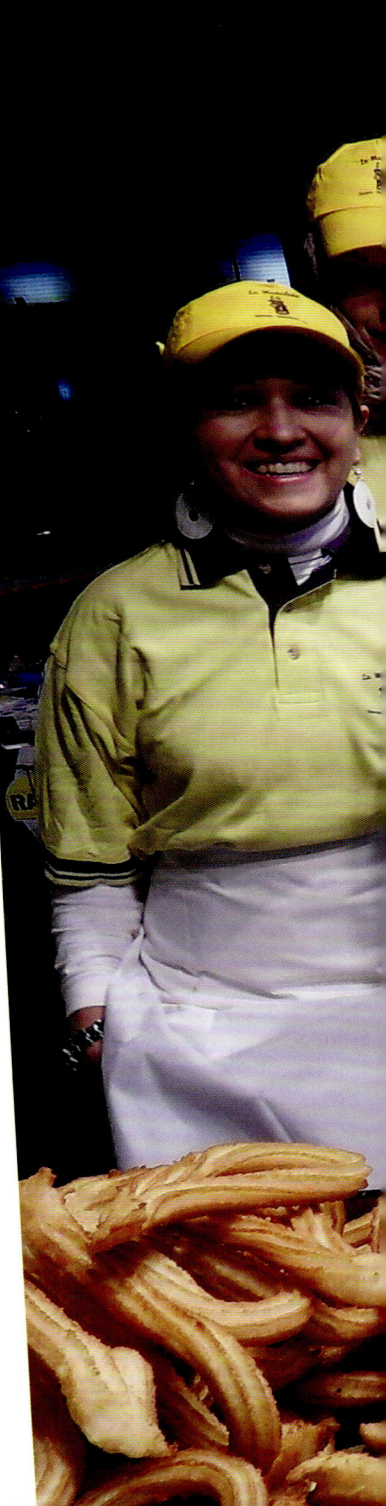

Da stehen sie dann, die *churreros*, vor ihren großen Kesseln mit heißem Öl, in die der flüssige Teig aus einer Spritztülle mit der typischen Sternform oder aus einer Art Nudelmaschine kommt und im heißen Fett ausgebacken wird. Die Kessel haben schon mal einen guten Meter Durchmesser und die Teigwürste fügen sich darin artig zu einer großen Spirale. Mit langen Holzlöffeln sorgt der *churrero* dafür, dass die Kringel nicht aneinanderkleben und rundherum frittiert werden. Mit einer Schaumkelle werden sie nach einigen Minuten herausgeholt und nach dem Abtropfen in Stücke zerschnitten. Die langen, geraden Stücke heißen in manchen Gegenden auch *porras*. Sie werden noch warm mit Zucker bestreut und am Stand in Papiertüten gepackt. Man isst sie noch warm aus der Tüte.

Woraus sind *churros* gemacht? Es gibt natürlich verschiedene Rezepte, aber auf jeden Fall handelt es sich um einen Brandteig aus Wasser, Mehl, Zucker und Salz. Ein billiges, und, wenn man's kann, auch einfaches Gebäck. Deshalb und wegen seiner Nahrhaftigkeit, war es früher bei körperlich schwer Arbeitenden ein beliebtes Frühstück. Und deshalb haben die *churrerías* traditionell auch schon sehr früh am Morgen geöffnet. Das ist bis heute so und kommt nun einer anderen Spezies zugute: den Nachtschwärmern, die sich an den Wochenenden übernächtigt und ausgehungert am frühen Morgen auf das ehemalige Arbeiterfrühstück stürzen.

31 Cine español
Im Hochgeschwindigkeitszug nach Hollywood

Erinnert sich noch jemand an den Film »*Cria Cuervos*« (Züchte Raben) von Carlos Saura?

1975 war das Jahr des Aufbruchs für den spanischen Film, das Ende der Diktatur und der Beginn von etwas Neuem. Auf dem Kitsch und der repressiven Kleinbürgerlichkeit der Franco-Ära ging eine ganz andere Saat auf. Es ist die Zeit der *movida*, der Bewegung, die Zeit von Pedro Almodóvar, der in seiner Cinemanie fast jedes Jahr einen Film produziert und mit den Milieus, in denen sie spielen, provoziert. Es geht um Transsexuelle, Stricher, schwangere Nonnen, Randexistenzen aus einer zugleich schillernden und elenden Welt. Aber lebendig sind diese Figuren, lebenshungrig, nach so vielen Jahren der Starrheit und Unterdrückung.

Heute kennt jeder die Namen: Antonio Banderas, der Latin Lover, der in dieser Rolle gerade von Javier Bardem abgelöst wird, Penélope Cruz, Pedro Almodóvar, Alejandro Amenábar, Altmeister Carlos Saura … – die Liste der bekannten spanischen Schauspieler und Cineasten wird immer länger. Und sie gewinnen nicht nur einen Goya, den höchsten spanischen Filmpreis, sondern auch Oscars.

Das Internationale Filmfestival von San Sebastián (baskisch Donostia) feiert 2013 seinen 60. Geburtstag und wird traditionsgemäß wieder seinen Hauptpreis »Concha de oro«, die Goldene Muschel, verleihen.

Als einfacher Kinogänger in Spanien hat man übrigens gute Chancen auf Gratis-Englischunterricht, da viele Filme *en voz original* (im Original) laufen, mit spanischen Untertiteln. Gerade in Katalonien gibt es eine starke Bewegung, von synchronisierten ausländischen Filmen auch eine katalanische Version zu erstellen. Sie wird von der Regierung der autonomen Region gestützt. Mittlerweile gibt es sogar eine Quotenregelung zugunsten des Katalanischen. Also aufpassen beim Kinobesuch und die richtige Sprachkombination aussuchen.

Compra el gordo
Wer holt den Dicken?

»Tres millones de euros«, singt Ana, das Mädchen mit dem dunkelblauen Blazer, grauen Faltenrock, dunkelblauen Kniestrümpfen und flachen Schuhen, das glatte, dunkle Haar zum Pferdeschwanz gebunden.

»*Tres millones de euros*«, singt sie, liest die Zahl von einer kleinen, in der Mitte durchbohrten Holzkugel ab, bringt sie an den Tisch der Aufsichtspersonen, zeigt jedem die Kugel und steckt sie schließlich auf einen von zwei vorbereiteten Metallspießen auf dem Tisch. Dasselbe macht ihr dunkelhäutiger Schulkamerad Brandon mit seiner Kugel. Auch er im blauen Blazer mit grauer Stoffhose, passend zur Uniform, die Ana trägt. »*Treinta y dos mil, trescientos veintisiete*«, singt er. 32.327 – das ist die eben gezogene fünfstellige Losnummer in der Gewinnklasse von 3 Millionen Euro. Die Kinder singen ihre Zahlen weiter, bis sie beide auf dem Zwillingsspieß gelandet, in die Fernsehkameras gedreht und abgefilmt worden sind. Dann werden die nächsten Kugeln aus den gläsernen Lostrommeln gezogen.

Die Ziehung der Weihnachtslotterie – *el Sorteo de Navidad* – am 22. Dezember ist in Spanien ein jährlich wiederkehrendes Großereignis, das keiner versäumt. Über 90 Prozent der Menschen kaufen selbst Lose oder bekommen welche geschenkt, und alle, alle fiebern sie vor dem Fernseher bei der Ziehung mit. Und es müssen jedes Jahr wieder die Kinder des Colegio de San Ildefonso, einer der ältesten Madrider Schulen, in ihren blaugrauen Schuluniformen sein, welche die gezogenen Nummern und Gewinne vorsingen. Für Gewinner schickt es sich, den *niños de San Ildefonso* einen Anteil abzugeben.

Die Ziehung aller Gewinnlose dauert etwa drei Stunden. So lange müssen alle durchhalten, singende Kinder wie mitfiebernde Losbesitzer. Denn wann der *gordo*, der dicke Hauptgewinn, gezogen wird, weiß keiner. Der *gordo* war 2011 mit vier Millionen Euro so schwer wie nie. Die Lose mit der Gewinnziffer wurden in einem kleinen Ort in Aragón gekauft. Wer ein *décimo* (Zehntellos) von dieser Losnummer besaß, bekam ein Weihnachtsgeld von 400.000 Euro überwiesen.

Compro oro
Kaufe Gold

Man kommt gar nicht mehr vorbei an ihnen. Sie plakatieren ganze Fassaden oder Fensterreihen, sie drücken einem im Vorbeigehen einen Flyer in die Hand oder wandern als Sandwich umher, vorne und hinten behängt mit einem gelben Karton, darauf schreien schwarze Lettern: »COMPRO ORO« – »Ich kaufe Gold«.

Man könnte meinen, in Zeiten der Wirtschaftskrise bräuchte es diese aggressive Werbung gar nicht. Doch jeder will die potenziellen Kunden bei sich im Laden haben, nicht beim Konkurrenten in der nächsten Seitenstraße.

Die Kundin bringt ein Schmuckstück, das Armband von Tante Amanda, das ihr noch nie gefallen hat und das sie nie trägt. Deshalb fällt es ihr auch nicht so schwer, es zu verkaufen. Der Schmuck wird im Laden gewogen, seine Qualität bestimmt. Ein paar Tage später macht die Firma ein Angebot. Lehnt die Kundin es ab, dann kann sie ihren Schmuck einfach wieder abholen. Ist sie mit dem gebotenen Preis einverstanden, dann bekommt sie meist innerhalb von 24 Stunden Bargeld für ihr Erbstück.

Dass die Angebote etwa 30 Prozent unter dem tatsächlichen Goldwert liegen, dafür fehlt den meisten Kunden der Vergleich oder die Gelegenheit, höhere Preise zu erzielen. Ausweisen müssen sie sich alle, um Geldwäschern auf die Spur zu kommen. Nach 10 Tagen werden die abgegebenen Stücke dann eingeschmolzen. Dass man Gold nicht nur ver-, sondern auch kaufen kann in diesen Läden, ist in Zeiten der Krise und hoher Goldpreise eher Nebensache. Viel wichtiger ist die Frage: Was tun, wenn Tante Amandas Goldschmuck verkauft ist?

Dass es im Compro-oro-Geschäft einen Hohen Grad an Spezialisierungen gibt, beweist dieser Händler. Er will keine Ringe, Ketten, Armreifen, Ohrringe, sondern ausschließlich Uhren einer Luxusmarke. Und die werden bestimmt nicht eingeschmolzen.

34 Comunidades Autónomas
Autonome Gemeinschaften

Spanien ist in insgesamt 17 *Comunidades Autóno-mas* (autonome Gemeinschaften) gegliedert, aber sie sind nicht alle gleich und auch nicht mit denselben Kompetenzen ausgestattet, wie zum Beispiel die deutschen Bundesländer.

Es gibt ein paar, genauer drei, die gleicher sind als die anderen, mit Sonderrechten, welche die anderen nicht haben. Das sind Katalonien, das Baskenland und Galicien. Warum?

Diese drei Regionen hatten schon in der Zweiten Spanischen Republik, in den Jahren vor dem Spanischen Bürgerkrieg, Autonomiestatus errungen. Unter Franco wurde er abgeschafft und alle Autonomiebestrebungen strikt unterdrückt. Der Gebrauch der katalanischen, baskischen und galicischen Sprache war in der Öffentlichkeit verboten. Nach dem Ende der Franco-Diktatur, mit dem Einsetzen einer neuen Verfassung, haben diese Gebiete ihren Sonderstatus erneut eingefordert und die Politik hat ihn gewährt und in der Verfassung von 1978 verankert.

So haben alle drei Gebiete eine eigene, zweite Amtssprache neben dem Spanischen. Katalanen und Basken haben darüber hinaus auch eine eigene Regionalpolizei: die Mossos d'Esquadra in Katalonien und die Ertzaintza im Baskenland, die als Erkennungszeichen rote Baskenmützen trägt. Katalonien versteht sich mit seinen 7,5 Millionen Einwohnern als eigene Nation, im Sinne einer Kulturnation mit eigener Sprache. Die spanische Verfassung spricht dagegen von verschiedenen »Nationalitäten« innerhalb der einen »unauflöslichen« spanischen Nation. Eine Volksabstimmung in Katalonien und im Baskenland wird von der Zentralregierung abgelehnt. Inoffizielle Abstimmungen haben in Katalonien allerdings eine überwältigende Mehrheit für die Unabhängigkeit ergeben. Die Wahlbeteiligung von 20 bis knapp 30 Prozent ist jedoch zu gering, um diesen Ergebnissen tatsächlich politisches Gewicht zu geben.

35 D.E.P. – Descanse en paz
Ruhe in Frieden

Sie mögen in Frieden ruhen, die Toten auf diesem *cementerio* (Friedhof) auf La Palma.

Die meisten von ihnen sind in den für Spanien typischen Grabnischen unter-gebracht, die wie Wohnungen in einem Wohnblock übereinandergestapelt sind. Da ist wenig Platz für Name, Geburtsda-tum, Todesdatum und das obligatorische *D.E.P. – Descanse en paz* in Goldschrift. Welker Blumenschmuck oder Plastik-blumen verleihen den »Schubfächern« bisweilen ein etwas desolates Aussehen. Spätestens an Allerheiligen *(Todos los santos)* werden jedoch alle Gräber mit fri-schen Blumen geschmückt.

In den Fächern befinden sich keine Urnen, sondern Särge mit den Gebeinen der Verstorbenen. Denn unter gläubigen Katholiken lässt man sich eher nicht ein-äschern. Es heißt zwar »Asche zu Asche, Staub zu Staub«, aber man will ja zum Jüngsten Gericht alle Knochen beisam-men haben für weitere Abenteuer.

Dass auch im Tod nicht alle gleich sind, erkennt man an den anderen »Abteilungen« des *cementerios*. Denn manche Mitmen-schen lassen sich richtige Häuschen bau-en für sich und die Familie. Damit ist der Aufstieg vom Wohnblock zum Reihenhaus geschafft. Gruften aus Stein, manchmal aus Marmor, gibt es da zu bestaunen. An ih-nen ist der Wohlstand und gesellschaftliche Rang der »Insassen« ablesbar. Ein besonders schöner Friedhof ist der von Palma de Mal-lorca. Er bildet verschiedene Epochen spani-scher (Grab-)Geschichte ab, man spart sich glatt das Lesen eines Geschichtsbuchs.

36 Desigual
Das etwas andere Modelabel

Eine Modekette *desigual* (ungleich) zu nennen, das ist ein Versprechen, das eigentlich nicht einzulösen ist. Die junge, spanische Modekette will nicht sein wie die anderen, aber trotzdem ganz viel verkaufen und das überall auf der Welt.

In Madrid zum Beispiel in einem fünfstöckigen Kaufhaus, zwischen Callao und Puerta del Sol in der Calle Preciados gelegen, das bis unters Dach vollgestopft ist mit einer Massenkollektion, bei der alles sehr bunt ist. Schon irgendwie ein bisschen anders und klar wiedererkennbar Desigual.

Die Qualität ist es nicht unbedingt, die den Erfolg ausmacht, auch der Preis nicht. Es ist das freche, unkonventionelle Image der Marke. Gegner behaupten, Desigual-Trägerinnen sähen aus wie Fraggles – eine amerikanische Puppensippschaft aus den 1970er-Jahren, ähnlich den Muppets – und pflegten einen kreativen Lumpenlook, der dafür aber sündhaft teuer sei.

Doch im Moment will jeder diese Marke. Als in Sevilla ein neuer Desigual-Shop öffnete, versprach die Firma den ersten 100 Kunden, die in Unterwäsche kämen, eine komplette Ausstattung aus dem Laden. Die Schlange der Dessousträger und -trägerinnen war sehr lang – obwohl es ein kalter Wintermorgen in Sevilla war.

Was ist der Clou dieser Marke? Viele Teile sind einfach witzig, frech, farbig. Es gibt asymmetrische Kleider, aufgenähte Knöpfe in allen Größen und Farben, Pailletten, bunte Wollfäden. Man denkt an die fröhlichen Fantasieuniformen im Beatles-Film »Yellow Submarine«. Und alle wollen sie haben: Kinder, Jugendliche, Erwachsene. Nur eines hätte ich gern gewusst: Wer trägt eigentlich diese Haremshosen, bei denen der Schritt in der Kniekehle hängt und die jede Saison wieder in den Katalogen des Labels auftauchen?

37 Día de los indianos
Der Tag der Indianer

Auf der Kanareninsel La Palma gibt es am *lunes de carnaval* (Rosenmontag), ein ganz besonderes Spektakel. Die Hauptstadt Santa Cruz wird an diesem Tag in eine riesige Puderwolke getaucht.

Gefeiert wird der Día de los indianos, ein reinweißer Karneval und ein Mega-Event, zu dem sogar Besucher aus Südamerika anreisen.

Dort hat dieses Fest auch seinen Ursprung, denn viele Kanarier kehrten ihrer Heimat aufgrund wirtschaftlicher Not und Perspektivlosigkeit den Rücken, um in Lateinamerika zu Wohlstand und Ansehen zu gelangen. Mit *indianos* sind also weder echte noch verkleidete Indianer, sondern *canarios* gemeint, die in früheren Jahrhunderten in die Karibik, nach Kuba und nach Südamerika ausgewandert sind. In Spanien erhielten sie den nicht ganz präzisen Namen *indianos*, den alten Irrtum weitertragend, dem schon Christoph Kolumbus aufgesessen war: dass die Inseln und Länder, die er auf seinen Seefahrten erreichte, zu Indien gehörten. Dabei war er der Entdecker eines neuen Kontinents.

Als neureiche Herren, in edlen weißen Zwirn gekleidet, kehrten einige von den *indianos* schließlich in ihre Heimat zurück und wurden bei der Ankunft mit Talkumpuder beworfen, einem Symbol für den errungenen Reichtum. Und diese Geschichte nehmen auch heute noch Tausende Feierwillige zum Anlass, sich ganz schick in Weiß zu kleiden und die Puderdosen einzupacken, um alles, was sich nicht weiß auf die Straße wagt, sogleich einzustäuben. Wer ein empfindliches Näschen hat, bleibt an diesem Tag besser zu Hause. Allerdings lässt sich kaum kein *palmero* diesen Spaß entgehen. Die Einzigen, die weniger Freude an dem Fest haben, sind die Leute von der Putzkolonne, die am folgenden Tag versuchen, der Stadt ihr adrettes Aussehen wiederzugeben.

38 Día del libro
Tag des Buchs

Was der Heilige Georg, der Drachentöter, mit Büchern zu tun hat, wissen wir nicht genau. Wer den Tag des Buches eigentlich erfunden hat, wissen wir schon: die Katalanen nämlich.

Und sie haben just den Tag des Heiligen Georg, Sant Jordi, des Nationalheiligen von Katalonien, dafür ausgewählt, nämlich den 23. April. Dass der 23.4. auch der Todestag von Miguel de Cervantes und von Shakespeare ist, trifft sich gut.

Traditionell schenken Männer in Cataluña an diesem Tag ihren Geliebten, Freundinnen oder Ehefrauen eine Rose. 2010 waren es ca. 6 Millionen Rosen, welche die katalanischen Blumenhändler an diesem Tag vorrätig hielten und verkauften. 80 Prozent davon waren rot. Die rote Rose soll etwas mit dem Blut des von Sant Jordi getöteten Drachen zu tun haben. Für die geschenkte Rose revanchieren sich die Frauen heutzutage mit einem Buch. Zu Sant Jordi sind die Ramblas in Barcelona voll von Blumen- und Bücherständen. Die Buchhändler gewähren an diesem Tag einen Spezial-Sant-Jordi-Rabatt. Bücher werden gekauft, um sie zu verschenken oder selbst zu lesen. Katalanische Firmen pflegen die schöne Tradition, ihren aktuellen oder auch pensionierten Mitarbeitern an diesem Tag Büchergutscheine zu schenken.

1995 hat die UNESCO die Idee und das Datum aufgegriffen und den 23. April zum Welttag des Buchs und des Urheberrechts erklärt. In vielen Aktionen wird das Lesen gefördert und an die Rechte der Autoren erinnert, an Schulen werden Büchergutscheine verteilt usw. Nur der Brauch, einer geliebten Frau an diesem Tag eine rote Rose zu überreichen, den hat die UNESCO nicht mit übernommen. Schade eigentlich.

Don Alfonso, Doña Carmen
Altmodisch, aber schön

Ich geb's zu, ich bin bisher noch nicht mit dem Titel Doña angesprochen worden, wahrscheinlich bin ich noch zu jung dafür.

Aber schriftlich habe ich diese Ehrenbezeichnung bekommen, nämlich auf meiner Studienbescheinigung, als ich an der Universidad de Murcia *Filología hispánica* (spanische Philologie) und *Etnología* (Völkerkunde) studierte.

Das Besondere am Titel Don, Doña ist, dass er mit dem Vornamen kombiniert wird:

»¿Cómo está, Doña Elvira?« – »Wie geht es Ihnen, Doña Elvira?«

»Buenos días, Don Alfonso.« – »Guten Tag, Don Alfonso.«

Solcherart Angesprochene sind entweder ältere, angesehene Personen aus der Nachbarschaft, aus dem gleichen Viertel oder Dorf, oder Ladeninhaber, Chefinnen, Wohnungsvermieter und sonstige Respektspersonen.

Die Anredeform Don, Doña kommt aus dem Lateinischen *dominus, domina*, Herr, Herrin, und sie war ein Teil der Anrede für spanische Adelige, die Hidalgos. Auch der spanische König und die Königin werden, wie alle Mitglieder der immer zahlreicher werdenden Königsfamilie, bis heute so angesprochen: Don Juan Carlos I und Doña Sofía. Die spanische Literatur des Goldenen Zeitalters ist voller bekannter Dons. Denken Sie an den fahrenden Ritter Don Quijote oder den Herzensbrecher und Erotomanen Don Juan. Für Don Carlos aus Schillers Drama und Verdis Oper stand die historische Figur des unglücklichen Don Carlos de Austria, des erstgeborenen, aber ungeliebten Sohnes von Felipe II Pate. Er starb mit nur 23 Jahren unter mysteriösen Umständen als Infant von Spanien.

Don Quijote de la Mancha
Der erste moderne Roman

Obwohl der Dampfkochtopf, der Bleistiftspitzer mit Kurbel, der Wischmopp und der Lolli spanische Erfindungen sind, ist Spanien nicht gerade als Nation von Erfindern bekannt.

Aber ein Spanier war es, der nichts Geringeres als den modernen Roman erfunden hat, nämlich Miguel de Cervantes Saavedra. Seine Satire auf die Rittergeschichten und die Erfindung des *Caballero de la triste figura*, des Ritters von der traurigen Gestalt, war kein Gedicht, kein Epos, kein Drama, sondern eine neue Gattung: ein Roman. 1605 erschien der erste Teil und seinen Anfangssatz kann jedes Kind aufsagen: *En un lugar de la Mancha, de cuyo nombre no quiero acordarme ...* An einem Ort der Mancha, an dessen Namen ich mich nicht erinnern will ...

Ein kleiner Landadeliger kann nicht mehr zwischen Literatur und Realität unterscheiden und zieht auf seinem Gaul Rocinante hinaus in die Welt, begleitet von Sancho Panza, dem Knappen auf seinem Esel. Er kämpft gegen Windmühlen, reitet gegen Hammelherden und sticht auf Weinschläuche ein. Er wird verprügelt und verlacht, bewahrt jedoch stets seine Würde und sein Stolz bleibt ungebrochen. Seiner angebeteten Dulcinea del Toboso wird er nie begegnen und Sancho wird nie die Insel bekommen, die ihm versprochen wurde, und doch bleibt er loyal an der Seite seines Herrn, wie verrückt der sich auch immer gebärden mag.

Der Roman ist witzig geschrieben und enthält viel Kluges. Auch Cervantes scheint fasziniert von seinem eigenen Geschöpf gewesen zu sein und hielt ihm die Treue bis ans Ende. Sein Roman war ein Bestseller und gleich nach Erscheinen wurden Raubkopien davon gedruckt. Ja, es erdreistete sich sogar ein anderer Schreiberling, die Geschichte des fahrenden Ritters weiterzuerzählen, sodass Cervantes sich genötigt sah, 1615 einen eigenen zweiten Band zu publizieren, an dessen Ende er seinen Helden allen Illusionen abschwören und sterben lässt. Aber Don Quijote ist nicht tot, auch Sancho nicht. Beide leben sie noch, irgendwo in der Mancha, an einem Ort, an dessen Namen ich mich nicht erinnern will.

Doña Manolita
Sie gehen meilenweit für Doña Manolita

Doña Manolita kennt jedes Kind in Spanien, obwohl Doña Manuela, genannt Manolita, schon lange tot ist.

Sie eröffnete 1904 in Madrid einen kleinen Laden, in dem sie Lotterielose verkaufte. Weil im Laufe der Jahre bei den *boletos* (Losen), die sie verkaufte, ungewöhnlich viele Gewinne waren, gibt es bis heute eine große Schar von »Gläubigen«, die zu ihrem Laden bzw. dem ihrer Nachfolger pilgern. Nach Doña Manuelas Tod führte ihre Schwester Doña Carmen den Laden weiter und zog in die Gran Vía um. Seit den 1980er-Jahren ist das Geschäft nun in fremden Händen. 2011 wechselte die Adresse in die Calle del Carmen, zwischen Callao und Puerta del Sol, im Zentrum Madrids. Das Geschäft heißt immer noch Doña Manolita und die *boletos* werben mit ihrem Konterfei.

»*Lotería Doña Manolita*«, rufen die Händler, die vor der Mallorquina, der Traditionskonditorei auf der Puerta del Sol, auf Klappstühlen neben ihren Lose-Ständern sitzen. In der Chocolatería San Ginés, gleich nebenan, kommt eine ambulante Verkäuferin an unseren Tisch. »*¡Compra Doña Manolita!*«, beschwört die schwarz gekleidete Frau mit dem weißen Haar mich, als geschähe ein Unglück, wenn ich es nicht täte. In der Vorweihnachtszeit kann man Doña Manolita einfach nicht entrinnen in Madrid. Bis zur Ziehung der Weihnachtslotterie am 22. Dezember geht das so.

Die Schlangen vor dem Laden werden täglich länger. Vier Stunden und mehr stehen die Menschen in der Calle del Carmen, dann macht die Schlange einen Knick, zieht sich durch die Calle Mesonero Romanos bis zur Calle de la Abada, dort kommt der nächste Knick. Und alle Wartenden sind sicher, dass sich das Anstehen lohnt. Fünf, sechs, acht *décimos* (Zehntellose) à 20 Euro kaufen die meisten. Vanessa sucht sich Lose mit ihren Geburtstagszahlen aus, Juan entscheidet sich für seine Glücksziffer als Schlusszahl. Die Acht muss es sein oder keine. Vielleicht noch eine Stunde stehen, dann sind die beiden an der Reihe. »*¡Suerte!!*« – »Viel Glück!« – »*Este año os toca.*« – »Dieses Jahr seid ihr dran, ganz bestimmt!«

El alcornoque
Geschälte Bäume

Bäume mit einer Rinde, die bis auf eine Höhe von etwa einem Meter fünfzig geschält sind, nussbraun, fasrig, nackt wie ein muskulöser, sonnenverbrannter Arm, nur darüber ihre aufgeworfene, weißgrundige Rinde.

Das sind geschälte Korkeichen, die als Rohstofflieferanten für Weinkorken, Dämmstoffe, Schuheinlagen und Bodenbeläge dienen. 100 bis 200 Kilo Kork liefert jeder einzelne Baum im Laufe seines Lebens. Dabei ist er anspruchslos, verträgt Hitze und kommt lange ohne Regen aus.

Ausgesprochen schön sind nicht nur die Bäume selbst, sondern auch die lichten Wälder und Haine, in denen sie lockere Gemeinschaften bilden. Die Böden sind karg und steinig, auf ihnen gedeihen Gebüsch und etwas Gras. Die iberischen Korkeichenwälder sind ein ganz besonders schützenswerter Lebensraum, der nicht nur Rohstoffe liefert, sondern eine ganz eigene Flora und Fauna beherbergt. So gibt es mehrere Pilzarten, die in Symbiose zur Korkeiche leben, aber auch sehr seltene Tiere, die den Lebensraum mit ihr teilen.

Der mächtige spanische Kaiseradler zum Beispiel, *águila imperial ibérica*, von dem es auf der Iberischen Halbinsel nur noch ca. 250 Brutpaare gibt, ist ökologisch ganz eng mit den Korkeichenwäldern verbunden. Außerdem ein noch viel heimlicherer Bewohner, ein Fell- und Bartträger, den man so gut wie nie zu Gesicht bekommt. Die Rede ist vom Pardelluchs, dem *lince ibérico*, einem Tier mit herrlicher Fellzeichnung, von der Größe zwischen Wildkatze und Luchs, dessen Bestand auf derzeit ca. 200 Tiere geschrumpft ist. Sein allerletztes Rückzugsgebiet ist, wie das der Adler, der Nationalpark Coto de Doñana zwischen Huelva, Sevilla und Cádiz. Dort hat er das 20. Jahrhundert überlebt und wird auch das 21. hoffentlich überstehen. Gleiches wünschen wir auch den Korkeichen, die nicht nur für Kork, sondern für ökologischen Reichtum und Artenvielfalt sorgen.

El aperitivo
Aperitif

La hora del aperitivo es sagrada. Die Stunde des Aperitifs ist heilig in Spanien.

Was sind die Ingredienzien? Kaffee oder ein Bierchen, dazu kleine Tellerchen mit Oliven, grün oder schwarz, mit *cacahuetes* (Erdnüssen), *patatas fritas* (Kartoffelchips) vielleicht. Ein paar Häppchen zum Getränk, erfrischend oder belebend, die zum Abschalten vom Alltag, von der Arbeit, vom Stress, einfach dazugehören, mit allen geteilt, die noch mit am Tresen stehen: Freunde, Arbeitskollegen, Leute, die man am Feierabend in der Bar trifft. Entspannung muss sein nach einem langen Arbeitstag. Die Anspannung, den autoritären Chef oder die arrogante Chefin hinunterspülen, vergessen. Zu sich selbst finden, sich mit Gleichgesinnten austauschen, über Gott und die Welt reden, nur nicht über den Beruf und den Stress in der Arbeit. Der kommt noch früh genug wieder, heute ist erst mal Schluss im alltäglichen Kampf um den Arbeitsplatz, um das sichere Einkommen, um den Aufstieg.

Jetzt sitzen wir zusammen hier an der Theke und genießen einfach, wie das kühle Bier unsere Gurgel hinunterrinnt und unsere Entspannung befördert. Wenn jemand eine Tapa oder eine *ración* für alle spendiert, sagt man nicht nein, man greift zu und genießt. Zu Hause ist es schön, hier aber auch. Dieses Ritual nach der Arbeit muss einfach sein, es gibt nichts Besseres.

Ausgemacht war, dass ich heute bezahle. Und was passiert jetzt? Ramón sagt, er habe gestern Geburtstag gehabt, deshalb gehe die Runde an ihn. Germán und Pepe protestieren und kämpfen um die Rechnung, aber Ramón bleibt Sieger. Was soll ich da jetzt noch tun? Ich kündige schon mal an, dass jeder, der morgen um acht sein Bierchen hier trinkt, mein Gast sein wird. Ob ich befördert worden bin, will Pepe wissen. Nein, ich doch nicht. Aber meine Tochter bekommt bald ihr Kind. Ich werde Opa! Freunde, könnt ihr euch das vorstellen? Auf jeden Fall ein Grund, eine Runde zu schmeißen, meint Germán. »*Mañana, a la misma hora*« – morgen, selbe Zeit, selber Ort. Ehrensache!

El bar
44 Das zweite Zuhause der Spanier

**»Nicht zuhaus' und doch nicht an der frischen Luft.«
Dieses Bonmot des österreichischen Kaffeehausliteraten
Peter Altenberg trifft nicht nur auf Wiener Kaffeehäuser,
sondern auch auf spanische Bars zu.**

Die Dichte an Bars ist in Spanien im europäischen Vergleich
am größten. Es gibt sie praktisch an jeder Ecke, sie gehört
zum Viertel wie in Berlin die Pommesbude. In den meisten
bares geht es laut zu, der Fernseher läuft, irgendwo dudeln die
Spielautomaten vor sich hin und blinken unaufhörlich dazu.
Sie sind nicht besonders schön herausgeputzt, die spanischen
Bars, aber das ist auch gar nicht nötig. Dass Servietten und
der ein oder andere Speiserest am Boden an der *barra*, der
Theke, liegen, das ist ebenfalls nicht weiter schlimm. Die
meisten wollen sich hier ja nicht häuslich niederlassen oder
gar Zeitung lesen, wie noch Herr Altenberg selig.

Der Besuch in der Bar verläuft meistens relativ zügig. Rein
und an die Bar gestellt: »*Paco, ¿me pones un solo?*« – »Paco,
machst du mir einen Espresso?«

»*Un solo, uno con leche y una ensaimada.*« – »Ein Espresso, ein
Milchkaffee und eine Hefeschnecke.«

Die Kaffeesiebe werden geräuschvoll geleert, die Kaffeema-
schine brodelt. Milchaufschäumen fällt in Spanien weg, denn
Cappuccino gibt es nicht (siehe Seite 27). Die Milch für den
café con leche wird heiß gemacht und dann am Tisch oder am
Tresen aus dem Kännchen in die Tasse gegossen.

Man hält ein Schwätzchen mit Paco, entdeckt den einen
oder anderen Arbeitskollegen, der auch gerade sein zweites
Frühstück hier einnimmt. Zum Chill-out am Feierabend trifft
man unter Umständen die ganze Abteilung. Ah, schau mal,
Vero hat Geburtstag und hat alle Kollegen aus ihrer Abteilung
zu einem Aperitif eingeladen.

Nein danke, Paco, heute kein *bocadillo*, Marta wartet daheim
mit dem Essen. Heute gibt es Paella mit Kaninchen, meine
Leibspeise. »*¿Me cobras, Paco?*« – »Kassierst du bei mir?« Ich
muss dann mal los. Bis morgen! *El bar de al lado.* Die Bar nebenan. *Mi segunda casa.* Mein zweites Zuhause.

El burro català
Der katalanische Esel

Der katalanische Esel ist, so könnte man sagen, von Natur aus ein Feind des spanischen Stiers. *Burro* und *toro* sind starke nationalistische Symbole – auf jeden Fall aus der Sicht der Katalanen.

Der Stier ist für sie das Symbol für das zentralistische Spanien, der Esel sein katalanischer Gegenpol. Ein Zeichen für die Stärke und Selbstständigkeit Kataloniens. Catalunya hat einen weitreichenden politischen Autonomiestatus, wenn auch nicht die politische Unabhängigkeit, wie katalanische Nationalisten sie wünschen.

Die Auseinandersetzungen und Reibungspunkte sind vielfältig: Hier Madrid als Landeshauptstadt, dort die schärfste Konkurrentin Barcelona, die Hauptstadt Kataloniens, mit eigener Presse, eigenen Fernsehsendern, eigener Sprache und Kultur. Hier *español* oder *castellano* als Amtssprache für ganz Spanien, dort *català* als Regionalsprache und zweite Amtssprache, die von etwa 11,5 Millionen Menschen in Catalunya und auf den Balearen gesprochen wird. Hier die spanische Flagge – rot, gelb, rot, mit dem königlichen Wappen –, dort die katalanische Flagge mit den fünf gelben und sechs roten Streifen.

Nach der langen Zeit der Unterdrückung alles Katalanischen während der Franco-Diktatur (1939–1975) fordert nun der katalanische Esel den Stier heraus. Dass der Stierkampf in Katalonien mittlerweile verboten ist, mag da vielleicht mehr als eine Randnotiz sein.

El camarero
Der spanische Kellner

Ich möchte dem spanischen Kellner, der nicht immer den besten Ruf genießt, einmal ein Loblied singen. Ich mag die *camareros* und gebrauche hier die männliche Form, weil Kellner in Spanien eindeutig ein Männerberuf ist.

Ich plädiere nicht dafür, dass das so bleibt, benenne nur den Ist-Zustand. Warum mag ich spanische Kellner? In der Regel sind sie eher gestandene Mannsbilder als Don Juans, das gleich vorweg. Was ich mag ist, dass sie ihren Beruf ernst nehmen und eine gewisse Würde ausstrahlen, die manche als Griesgrämigkeit missverstehen. Bei seinen normalen Aufgaben – Bestellungen entgegennehmen, servieren, kassieren – mag er mürrisch wirken. Aber bei allem, was über das Pflichtprogramm hinausgeht, läuft er zur Hochform auf. Nur ein Beispiel.

Am Sonntagvormittag in die Chocolatería San Ginés in Madrid gehen zu wollen, ist vielleicht keine so gute Idee, denn da sitzen schon ganz ganz viele, die dieselbe Idee hatten. Obwohl es mehrere Räumlichkeiten gibt, ist einfach kein freier Tisch zu finden. Enttäuscht wollen wir schon wieder gehen, als uns ein Kellner aufhält. Er sagt: »*Pasen, pasen, hay sitio.*« – »Kommen Sie, da gibt es Platz.« Wir folgen ihm in einen der Räume, warten kurz am Eingang, er kassiert an einem der Plätze und macht sofort den Tisch für uns sauber. Ich bestelle *media docena de churros*, ein halbes Dutzend *churros* (frittierte Schmalzkringel, siehe Seite 58). Er hat sich wohl verhört und bringt ein ganzes Dutzend. Als ich ihn darauf hinweise, meint er: »Ach, egal.« Und was soll ich Ihnen sagen, was auf der Rechnung stand? Das von mir bestellte halbe Dutzend. Unnötig zu erwähnen, dass wir brav alle zwölf aufgegessen hatten.

Natürlich wollen die *camareros* nicht, dass man getrennt bezahlt oder die Rechnungssumme aufrundet oder andere exotische Anwandlungen von Ausländern. Und natürlich freuen sie sich über ein dezent zurückgelassenes Trinkgeld, je besser der Service, desto höher die *propina*. Und das haben sie sich in den allermeisten Fällen auch wirklich verdient, finde ich.

El clásico
Der Schlager im spanischen Fußball

Nachdem Spanien 2008 Europameister, 2010 Weltmeister und 2012 wieder Europameister geworden ist, gilt endlich auch die Nationalmannschaft in Spanien etwas. Viel wichtiger sind aber die Fußballclubs der *primera división*, der Ersten Liga.

Einzig Real Madrid, der als erfolgreichster Verein Europas gilt, sein ewiger Konkurrent FC Barcelona, genannt Barça, sowie Athletic Bilbao sind seit Ligagründung nie abgestiegen. Und immer, wenn es zum »Kampf der Giganten« kommt, dem Schlagerspiel zwischen Madrid und Barça, steht die Nation Kopf.

Findet *el clásico* (der Klassiker) auch noch in Barcelona statt, dann wird in ganz Katalonien mit katalanischen Flaggen und anderen nationalistischen Symbolen ein Patriotismus herausgekehrt, der uns hierzulande peinlich wäre. Die Freude ist überschwänglich, wenn die Blau-Roten – katalanisch *blaugrana* – gewinnen. Eine Niederlage führt zu einer kollektiven Depression, die aber meist schnell überwunden wird. Der nächste *clásico* ist vielleicht schon ausgelost und dann gibt's Revanche.

Real Madrid, bei uns »die Königlichen«, in Spanien El Real Madrid oder El Madrid genannt, ist mit einem Markenwert von einer Milliarde Euro der teuerste Fußballverein der Welt. Er holte 31 Mal den Titel in der Ersten Liga. Heimstadion ist das Estadio Santiago Bernabeu. Barça trägt seine Heimspiele im Camp Nou aus, dem mit 98.000 Plätzen größten Fußballstadion Europas. Barça gelang 20 Mal der Titelgewinn in der Primera División. Die baskische Mannschaft Athletic Bilbao, genannt Los Leones (die Löwen), mit ihrem Stadion San Mamés, das nur halb so groß wie Camp Nou, dafür aber das älteste Stadion Spaniens ist, nimmt eine Sonderrolle ein. Traditionell werden nur baskische Spieler, insbesondere aus der Provinz Bizkaia, aber auch aus dem baskischen Navarra und dem französischen Baskenland, verpflichtet. Wer nicht Baske ist, muss zumindest schon in einer baskischen Jugendmannschaft gespielt haben. Der Club ohne Milliarden und ohne Spieler aus aller Welt ist ein echter Anachronismus, spielt aber dennoch erstklassigen Fußball und holte immerhin acht Mal den Titel.

El colegio
Schulalltag

»Yo cuento hasta tres y luego tienen que sentarse todos los niños.« – »Ich zähle bis drei und dann müssen alle Kinder auf ihren Plätzen sitzen.«

Es ist halb neun morgens in einem *colegio* in Spanien. Pati, die *maestra* (Lehrerin), die wie überall in Spanien von ihren Schülern geduzt wird, muss manchmal schon etwas strenger werden, um ihre 23 Racker in Schach zu halten. Sie unterrichtet die Kinder der *Iinfantil 5 años*, also alle Fünfjährigen dieser kleinen Schule. Pati hat sie bereits im dritten Jahr, und vor den großen Schulferien im September wird sie ihre *chicos* abgeben, die dann in die erste Klasse kommen.

In Spanien hat jedes Kind ab drei Anspruch auf einen Platz in einem *colegio*. Es ist zwar keine Pflicht, sein Kind dorthin zu schicken, aber die meisten Familien nehmen das Angebot wahr. In den ersten drei Jahren der *educación infantil*, also auf Vorschulniveau, lernen die Kleinen auf spielerische Weise bereits das ABC und können, wenn die eigentliche Grundschule anfängt, schon etwas lesen und schreiben. Natürlich kommen Spielen, Basteln und Toben nicht zu kurz in dieser Zeit, dennoch können die kleinen Köpfchen schon einmal rauchen bei so viel Input.

Wenn die Kinder sechs sind, beginnt die eigentliche Schulpflicht und sie besuchen sechs Jahre lang die *educación primaria*, die Primarstufe, also eine Art Grundschule. Die weiterführende Schule, welche die Kinder dann von ihrem 12. bis zum 16. Lebensjahr besuchen, nennt sich *Educación Secundaria Obligatoria (ESO)*. Diese Sekundarstufe heißt manchmal auch schlicht *instituto*. Damit endet die Schulpflicht. Wer weitere zwei Jahre freiwillig die Schulbank drückt, hat dann mit 18 Jahren sein *bachillerato* (Abitur) in der Tasche. Das ist die Eintrittskarte für die Universität. Ob es auch der Schritt zu einem angemessen entlohnten Arbeitsplatz ist, weiß heute allerdings keiner. Der spanische Arbeitsmarkt ist mit einer Jugendarbeitslosigkeit von über 50 Prozent derzeit alles andere als rosig.

El desayuno
Spanisches Frühstück

Über das spanische Frühstück wird viel gelästert. Natürlich darf man sich darunter keinen sich biegenden Tisch mit verschiedenen Brötchensorten, Marmeladen, Käse, Wurst, Eiern etc. vorstellen.

Das spanische *desayuno* ist anders, aber auch gut, wie ich finde. Der Kaffee schmeckt zum Beispiel auf jeden Fall köstlich und als besonderen Luxus gibt es meist *zumo natural de naranja* (frisch gepressten Orangensaft) dazu. Zu essen gibt es eine *tostada*, eine Scheibe gebutterten Toast mit einem Töpfchen Marmelade. In Andalusien kann man statt Butter auch Olivenöl auf den Toast träufeln, das grüne Fläschchen steht einladend auf dem Tisch.

Und wer jetzt über die Kargheit dieses Frühstücks lästert, dem sei gesagt, dass es sich dabei lediglich um das erste Frühstück handelt. Es gibt auch noch ein zweites, wofür die Angestellten und die Schulkinder zwischen 10 und 12 Uhr für eine halbe Stunde frei bekommen. Dann darf es gern ein *bocadillo* (belegtes Brötchen, siehe Seite 18) sein, dazu ein Glas Saft oder ein Erfrischungsgetränk. Denn bis zum Mittagessen gegen 14 Uhr ist es noch weit.

An den Wochenenden wird schon auch geschlemmt, weniger in die salzige als in die süße Richtung. Eine Tasse Schokolade und ein halbes Dutzend *churros* (frittierte Schmalzkringel, siehe Seite 58), und man brächte beim besten Willen kein Frühstücksei mehr hinunter.

El día e
Eine Sprache feiert sich selbst

Wo gibt es das sonst, dass eine Sprache gefeiert wird? Der *día e* ist ein Tag für alle, die Spanisch sprechen – und das von Sydney bis New York, von Sevilla bis Monterrey.

Am Samstag, der dem Sommeranfang am nächsten liegt, wird er seit 2009 gefeiert. An dem Tag ist alles rot: Die *voluntarios*, die freiwilligen Helfer, tragen rote T-Shirts, Plakate werden geklebt, Luftballons steigen in den Himmel, natürlich in Rot.

Im Instituto Cervantes von Bremen, in dem ich diesen besonderen Tag 2011 mitfeiern durfte, gab es Spezialitäten aus dem ganzen spanischsprachigen Raum zu verkosten: vom argentinischen Matetee, der stärker war als jeder doppelte Espresso, über kolumbianische Empanadas (gefüllte Teigtaschen), bis zur frisch gelieferten Riesenpaella, die schneller aufgegessen war, als man seinen Teller leeren konnte. Eine Schar Kinder tollte durch das Gelände, während Musik, Lesungen, Weinproben und offene Sprachkurse für Unterhaltung und Vielfalt sorgten.

Prominente Spanischsprecher aus der ganzen Welt stellten zu diesem Anlass ihr Lieblingswort in Videobotschaften im Internet vor, von *alegría* (Freude) bis *verdad* (Wahrheit), und jeder konnte seine Stimme abgeben. Dass es dann Querétaro, der Name eines mexikanischen Bundesstaates, geworden ist, ein viersilbiges Wort mit einem stummen »u«, das ist auf eine einfache Mehrheit der Stimmen zurückzuführen. Wahrscheinlich gibt es noch schönere Wörter im Spanischen. Ich weiß ja nicht, was Ihr Lieblingswort ist. Meines ist *milagro* (Wunder), oder *mariposa* (Schmetterling) oder *gaviota* (Möwe) und natürlich *golondrina* (Schwalbe) …

El drago
Der Drachenbaum

Eingezwängt zwischen mediterranen Stadtvillen mit schmiedeeisernen Balkonen und Zäunen steht ein Fossil: ein Drachenbaum, von den kanarischen Inseln aufs Festland verschlagen, ins andalusische Cádiz, das sich in seiner Altstadt einige schöne Parks leistet, mit ausgewachsenen Gummibäumen, Palmen und Drachenbäumen.

Die *dragos* sehen aus wie Zeugen eines frühzeitlichen Erdalters, Zeitgenossen von Flugsauriern und Pfeilschwanzkrebsen – oder wie Statisten in einem Film von Steven Spielberg, der auf einem fernen Planeten mit seltsamen Bewohnern, halb Tier, halb Mensch, spielt. Sie sind in jedem Fall seltene und auffällige Gäste auf dem europäischen Kontinent. So richtig groß werden sie nicht, die Drachenbäume. Sie sind noch nicht einmal Bäume, sondern gehören zu den Spargelgewächsen. Man kann sie »baumartige Lebensformen« nennen, mehr nicht.

Ihren Namen haben sie von den Griechen bekommen, wahrscheinlich deshalb, weil jedes von einem Drachenbaum abgeschlagene Stück meist doppelt wieder austreibt. Wie beim Drachen, dem der Sage nach für einen abgeschlagenen Kopf immer zwei neue nachwachsen. Das dunkelrote Harz der *dragos*, das die kanarischen Ureinwohner als Heilmittel bei Knochenbrüchen einsetzten, wird auch »Drachenblut« genannt. Es war im Mittelalter ungefähr so teuer wie Gold, was dem *drago* fast zum Verhängnis geworden wäre, denn um an das Harz heranzukommen, wurde einfach der ganze Baum gefällt.

So alt, wie man einzelnen *dragos* nachsagt, sind sie meist nicht. Auch den von Alexander von Humboldt enthusiastisch beschriebenen *drago* auf Teneriffa fällte schließlich ein Sturm. Etwa 400 Jahre können sie werden. Vielleicht sind die engen Hausmauern ja ein Windschutz für den *drago* aus Cádiz, und er schickt sich an, ein echter Drachen-Methusalem zu werden, mit ganz vielen Kindern und Kindeskindern.

El licor de madroño

52 Ein Likör aus Baumerdbeeren

Der Likör, der aus den Früchten des gleichnamigen *madroño* (Erdbeerbaum) gemacht wird, kommt vorwiegend aus Alicante oder Madrid.

Die stacheligen Baumerdbeeren kann man, anders als die deutsche Bezeichnung »Erdbeere« suggeriert, roh eigentlich nicht essen. Sie sind relativ geschmacklos und gehen oft am Baum schon in Gärung über. Also werden sie mit Tresterschnaps zu einem Likör angesetzt, der mindestens sechs, besser zwölf Monate reifen muss. Getrunken wird der *madroño* traditionell aus »Gläsern«, die aus Waffelteig gemacht und innen mit Schokolade ausgekleidet sind. Nach dem Likörschluck kann also das Glas praktischerweise gleich aufgegessen werden.

In Portugal, vor allem an der Algarve, wird aus den Baumerdbeeren übrigens ein Schnaps gebrannt. Er heißt *medronho* oder auch *matabicho* (Wurmtöter), wegen seines Gehalts und der heftigen Wirkung.

El menú del día
Tagesmenü

Das Tagesmenü, meist ein Mittagsmenü, ist ein All-inclusive-Essen. Fast jedes Restaurant, jede Bar bietet es an und die meisten Spanier, die mittags auswärts essen, speisen nicht à la carte, sondern nehmen das *menú del día*. Was ist dabei wichtig und entscheidend für die Wahl des Lokals?

Neben der Qualität des Essens ist das eine möglichst große Auswahl an *primeros*, also Vorspeisen oder erster Gang. Das kann ein Salat sein, eine Suppe, ein Reis- oder Nudelgericht. Bei den *segundos*, dem zweiten oder Hauptgang, zu dem es so gut wie immer Fleisch- oder Fischgerichte gibt, ist neben der Auswahl an Speisen auch die Vielfalt an Zubereitungsarten ein Kriterium – *frito* (frittiert), *a la plancha* (auf der heißen Platte zubereitet), *asado* (geschmort) etc. Auch ein vielfältiges Angebot an Beilagen *patatas fritas* (Pommes frites), *verduras* (Gemüse) etc. ist wichtig. Brot ist immer dabei. Was sonst noch inkludiert ist, steht auf der Karte, da heißt es nur noch aufpassen und kein *y* (und) mit einem *o* (oder) verwechseln.

Ein Beispiel: »*Incluye pan, bebida y postre (tarta o fruta) o café*« heißt: Brot, Getränk, Nachtisch sind dabei, statt des Nachtischs kann auch Kaffee gewählt werden. Oft ist auch noch das Getränk genau definiert: »*Bebida: agua o copa de vino tinto o refresco*« – Wasser oder ein Glas Rotwein oder ein Erfrischungsgetränk. Die Preise sind meist moderat. Billiger kann's eigentlich nur der *chino* (Chinese) oder ein anderes asiatisches Lokal.

Die Bestellung geht flugs: Der Kellner trägt die Gerichte vor, die im Angebot sind, der Gast entscheidet sich ad hoc, es wird rasch serviert, gegessen, noch ein schneller *café solo* (siehe Seite 30) zum Abschluss und dann geht's gestärkt zurück an den Arbeitsplatz.

El oso
Der Madrider Bär

Bern hat ihn im Wappen, Berlin ebenso. Der Bär ist auch das Wappentier Madrids. Er steht, in Bronze gegossen, an der Nordseite der Puerta del Sol mitten in Madrid.

Der Madrider Bär hat seine Schnauze zu einem niedrigen Bäumchen hochgereckt, um von dessen Früchten zu essen. Es handelt sich dabei um einen immergrünen Erdbeerbaum der Gattung *Arbutus*, die zu den Heidekrautgewächsen zählt und im Mittelmeerraum verbreitet ist. Die Bäumchen sind sehr schön anzusehen mit ihren harten, dunkelgrünen Blättern und den roten, kugelrunden Früchten, die mit ihrer stacheligen Haut mehr wie Litschis als Erdbeeren aussehen. Sie blühen in den Wintermonaten, und da die Früchte sehr langsam reifen, befinden sich Blüten und die reifen Früchte des Vorjahrs – wie bei Orangen – meist zusammen am Baum. Spätestens wenn man in eine der Früchte hineinbeißt, weiß man, dass die deutsche Bezeichnung Erdbeerbaum ganz falsche Erwartungen weckt. Sie sind hart und nur sehr schwach süß. In Spanien werden sie daher auch nicht gegessen, sondern zu Gelees und Marmeladen und zu *licor de madroño*, einem Likör (siehe Seite 98), verarbeitet.

Und wie kommen Bär und Baum überhaupt auf das Madrider Wappen und was hat es zu bedeuten? Vermutlich symbolisieren die beiden Elemente Klerus und städtischen Adel, die im Mittelalter, nach 1220, die Ländereien um Madrid unter sich aufgeteilt haben. Außerdem soll der *oso* ursprünglich eine *osa*, also eine Bärin, gewesen sein und es gibt auf den heutigen Abbildungen auch nichts zu sehen, was gegen seine weibliche Identität spräche. Wie auch immer, der *oso* ist eines der meistfotografierten Motive bei Touristen und bei Einheimischen ein beliebter Treffpunkt im Zentrum Madrids.

El País
Ein Land, eine Zeitung

Ein Land, eine Zeitung: El País – so könnte man es auf den Punkt bringen. El País (wörtlich: das Land) ist mit einer Auflage von 470.000 Exemplaren die größte Nicht-Sportzeitung in Spanien.

Geboren wurde sie fast zeitgleich mit der Demokratie. Nur ein halbes Jahr nach dem Tod Francos erschien am 4. Mai 1976 die erste Ausgabe. El País – das ist auch Programm: Die Zeitung sollte für alle Spanier gemacht sein und die Spaltung des Landes durch den Bürgerkrieg (1936-1939) und die faschistische Diktatur überwinden.

Am »23-F«, dem 23. Februar 1981, war El País die erste Zeitung, die noch in der Nacht nach dem Putschversuch durch Militärs eine Sonderausgabe zur Verteidigung der Demokratie herausbrachte. Sie erschien noch vor der Erklärung des Königs Juan Carlos I im staatlichen Fernsehen, der in den frühen Morgenstunden des 24. Februar ein für das Land entscheidendes Plädoyer für die demokratische Verfassung ablegte. Das war zugleich eine wichtige Aktion für die spanische Monarchie, denn sie brachte dem nicht von allen Spaniern geschätzten König hohe Sympathiewerte ein, die bis heute wirksam sind.

Traditionell eher linksliberal und PSOE-nahe, sind die guten Beziehungen zwischen El País und den Sozialisten unter Felipe González bis zur Zapatero-Regierung merklich abgekühlt, und die Zeitung ist mit den Jahren konservativer geworden. Hätten Sie gewusst, dass ein deutscher Künstler, der in Lübeck geborene Reinhard Gäde, für die grafische Gestaltung der Zeitung mitverantwortlich ist?

Hauptsitz der Zeitung ist Madrid, die Redaktionen in Barcelona, Sevilla, Valencia, Bilbao und Santiago de Compostela bringen die katalanischen, baskischen, galicischen, valencianischen und andalusischen Regionalausgaben heraus. Eine »globale Ausgabe« wird in Lateinamerika gedruckt und verbreitet. Bekannte Schriftsteller wie Javier Marías, Rosa Montero oder Mario Vargas Llosa schreiben für El País. Und ein Sonntag ohne das Kulturmagazin »El País Semanal« ist eigentlich gar keiner.

El perroflautas
Bettler mit Hund

Dies ist das teuerste Foto in diesem Buch: 278 Euro wollte der Mann haben, der in Spanien ein bisschen abschätzig, aber durchaus auch humorvoll, *perroflautas* (wörtlich »Hundeflöte«) genannt wird.

Gemeint ist ein Bettler, der entweder einen Hund oder eine Flöte oder beides bei sich hat, um seiner Bettelei noch einen etwas anderen Anstrich zu geben. So, als wäre er Straßenmusiker oder bettele gar nicht für sich, sondern für sein Tier. Dieser hier hat es ganz geschickt angestellt mit seinen Schildern, denn an ihnen kommt praktisch niemand vorbei ohne zumindest eine Münze für »den guten Zweck« aus der Tasche zu fingern.

Die Spendenzwecke von links nach rechts: *para cerveza* (für Bier) – *para vino* (für Wein) – *para porros* (für Haschischzigaretten) – *para resaca* (für den Kater am Tag danach). Und in der Mitte: *por lo menos sincero* (wenigstens ehrlich) und die passende Internetadresse: www.lazybeggers.com. Fehlt nur das Schild: *para perro* (für den Hund), doch das ist bei dem felligen Begleiter auch gar nicht nötig, denn er erweicht wahrscheinlich noch den hartherzigsten Geizkragen allein mit einem Augenaufschlag. Dass der clevere Bettler auch noch ein Buch auf dem Schoß liegen hat, setzt der Inszenierung schließlich die Krone auf. Diesem gerissenen Geschäftsmann kann man den Wunsch nach einer kleinen Spende einfach nicht abschlagen. Unmöglich.

57 El Rastro
Flohmarkt in Madrid

Schaukelpferde, Wagenräder, Bilderrahmen, Lederwaren, Puppen, Trödel, Tand und ein paar echte Antiquitäten – die muss man allerdings suchen unter den Warenmassen auf dem Madrider Rastro.

Am Sonntagvormittag ist ein Besuch für viele Madrilenen und auswärtige Besucher festes Programm. Wer allerdings einen gemütlichen Flohmarktbummel mit Fachsimpeleien unter Kennern und Feilschen über Raritäten erwartet, erlebt in Madrid eine Enttäuschung.

Das Areal zwischen Metro La Latina und Ronda de Toledo ist riesengroß und in der Kernzeit, zwischen 10 und 13 Uhr, hoffnungslos überlaufen. Man schiebt sich im Pulk durch die Straßen oder wird geschoben. Dass in diesem Gedränge auch ein Heer von flinken Taschendieben unterwegs ist, muss nicht eigens erwähnt werden. Wenigstens ist die Hauptader, die Ribera de Curtidores, eine breite Straße mit ganz vielen Platanen, die etwas Schatten spenden, sonst wäre es in den Sommermonaten gar nicht auszuhalten.

Wer es klug anpackt, rollt das Feld von oben auf, von der Plaza de Cascorro (Metro La Latina). Von dort geht es nur bergab. Auf der Plaza Cascorro gab es früher einen Fleischmarkt. Die Tiere wurden vom nahen Schlachthof bis zu diesem Markt gezogen. Daher hat der Flohmarkt auch seinen Namen: Rastro bedeutet »Spur«, in dem Fall war es eine Blutspur. Erst im 19. Jahrhundert siedelten sich Gebrauchtwarenhändler hier an und der Fleischmarkt zog weiter. Bis heute gibt es sowohl ambulante Händler, die ihre Waren auf mobilen Tischen anbieten, als auch Ladengeschäfte, zum Beispiel für restaurierte Möbel.

Der Rastro-Besuch ist ein echtes Volksvergnügen. Alle Nationalitäten tummeln sich hier. Einheimische, Nordafrikaner, Südamerikaner und zunehmend Osteuropäer bringen Waren unters Volk, deren Herkunft nicht immer ganz koscher ist: Kopien, Fälschungen und auch Gestohlenes kommen hier auf den Tisch. Weiter unten, an der Ronda de Toledo, haben Väter, Mütter, Opas und Kinder eine Tausch- und Sammelbörse für Fußball-, Telefon-, Hello-Kitty-Karten und ähnliche Kuriositäten etabliert.

El romero
Nur ein Rosmarinzweig

An diesem Eingang des Parks stehen sie fast jeden Tag, meistens zu zweit. Wenn ich hier hereinkomme, halte ich immer gleich nach ihnen Ausschau.

Da ist Doña Carmen aber wo ist Doña Rosa? Während ich noch den Platz nach ihr absuche, hat sie mich schon im Visier. Da, hinter dem Jogger mit den dünnen Beinen, steht sie und wartet auf mich. Sie drückt mir einen Rosmarinstängel in die Hand: »*Que tengas suerte, guapa*«. Er soll mir Glück bringen. *Guapa* (Schöne) nennt sie mich. Ich drücke ihr eine Münze in die Hand, sie möchte mehr und folgt mir. Manche nennen es Nötigung, manche aufdringliche Bettelei. Einige behaupten, die Sache mit dem Rosmarin diene nur dazu, eine kriminelle Handlung vorzubereiten. Eigentliches Ziel seien nicht 50 Cent oder 1 Euro, sondern der Geldbeutel des Spenders. Den packe ich aber nicht aus, denn ich habe immer ein paar Münzen lose in der Hosentasche, für alle Fälle.

Neulich habe ich beobachtet, wie die beiden Señoras ein Touristenpaar in die Zange genommen haben. Nachdem Doña Rosa den Rosmarinzweig überreicht hatte, wurde das Paar an die Kollegin weitergereicht, denn Doña Carmen beherrscht die hohe Kunst des Handlesens. 20 Euro pro Hand hat sie von den beiden verlangt, und als sie die nicht bekommen hat, war abrupt Schluss mit den großen Reisen und dem langen Leben, das die Handlinien versprochen hatten, und es folgten ein paar weniger rosige Prophezeiungen.

Doña Rosa und Doña Carmen gehen ihrem Geschäft seit vielen Jahren nach. In allen größeren Städten Spaniens, vor allem auch in den Touristenorten. Sie gehören zur Volksgruppe der *gitanos*, die eine Untergruppe der Roma sind und sich selbst *calé* nennen. Die meisten der 600.000 spanischen *gitanos* leben in Andalusien, einige sind bekannte Sänger, Musiker und Tänzer wie Paco de Lucía oder Joaquín Cortés. Die große Mehrheit ist auch in Spanien Diskriminierungen ausgesetzt.

El tapeo
Eine Tapas-Tour

Was Tapas sind, muss man nicht mehr erklären. Man bestellt kein Hauptgericht, sondern stellt sich sein Essen aus vielen feinen Kleinigkeiten selbst zusammmen.

Man isst, bis man satt ist, und das – wichtig! – nicht allein, sondern am besten mit einer Gruppe von Freunden, und – auch ganz wichtig! – nicht nur in *einem* Lokal, denn das wäre Frevel. »Andere Wirte haben auch schöne Tapas«, könnte man sagen. Und es gibt durchaus den Ehrgeiz, wenn schon nicht alle, so doch viele von ihnen zu probieren. Diese Tapas-Tour, das »auf der Walz sein«, nennt sich *tapeo* und darin steckt tatsächlich viel Bewegung.

Was muss man über Tapas wissen? Es gibt eine fundamentale Unterscheidung: Sie sind entweder *frías* (kalt) oder *calientes* (warm). Die Größen gehen von der Mini-Tapa (Tellerchen) über die *media ración* (halbe Portion, Kuchenteller) bis zur *ración*, das ist Esstellergröße. Sehr wichtig, wenn man mit Freunden unterwegs ist: Nicht jeder bestellt seine Tapa und isst sie auch auf, sondern es wird gemeinsam das ganze Angebot bestellt und dann probiert jeder von jedem. Man wandert also mit seiner Gabel über den Tisch oder reicht bei größeren Entfernungen die Teller reihum weiter. Dazu gibt's *un vinito* (ein Weinchen) oder eine *caña* (kleines Bier vom Fass). Ist alles verspeist, zieht man nach dem Gelage weiter.

Da jedes Lokal, jede Stadt, jede Region ihre eigenen Tapas zubereitet, wäre es müßig, auch nur eine kleine Auswahl aufzuzählen. Hier geht Probieren eindeutig über Studieren. Die Qual der Wahl können wir Ihnen nicht ersparen.

Über die Ursprünge der Tapa gibt es mehrere Legenden. Tapa heißt Deckel, deshalb heißt es, man habe Brotstücke mit einem Stück Wurst, Schinken oder Käse beim Essen im Freien dazu verwendet, die Wein- und Biergläser abzudecken und so vor Fliegen zu schützen. Eine andere Geschichte erzählt, König Alfons X habe im 13. Jahrhundert schon angeordnet, dass den Kutschern Alkohol nur noch in Verbindung mit fester Nahrung ausgeschenkt werden durfte – eine Maßnahme zur Förderung der Sicherheit auf den königlichen Straßen. Und eigentlich gilt das auch heute noch, nicht nur für Kutscher.

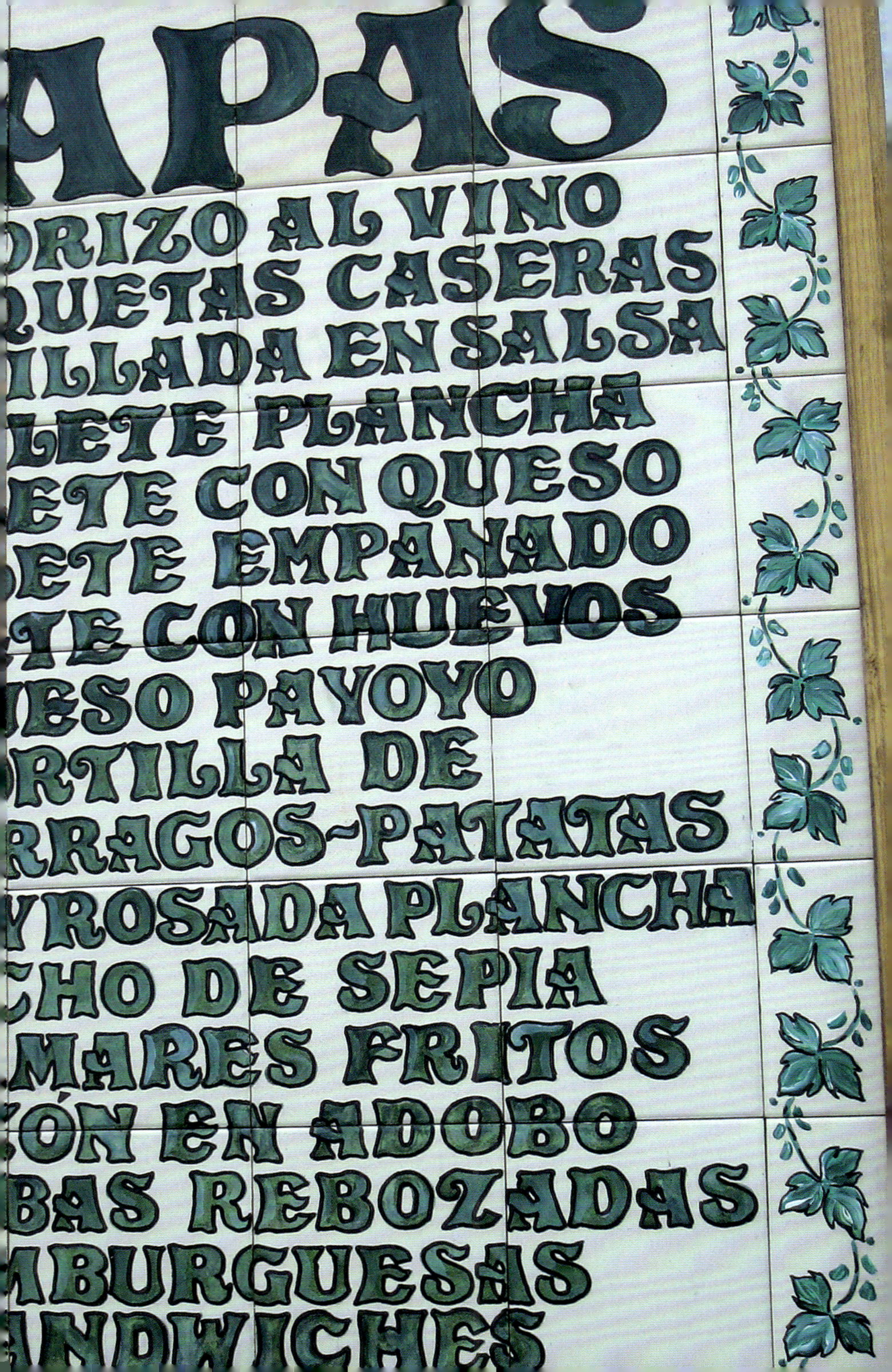

APAS

ORIZO AL VINO
QUETAS CASERAS
ILLADA EN SALSA
LETE PLANCHA
ETE CON QUESO
ETE EMPANADO
TE CON HUEVOS
ESO PAYOYO
RTILLA DE
RRAGOS-PATATAS
Y ROSADA PLANCHA
CHO DE SEPIA
MARES FRITOS
ÓN EN ADOBO
BAS REBOZADAS
MBURGUESAS
NDWICHES

El Tío Pepe
Ein berühmter Andalusier

Tío Pepe ist eine Flasche mit rotem Hut, Bolerojäckchen und Gitarre.

»Onkel Sepp« oder Beppo, wie er übersetzt heißt, ist das Flaggschiff der andalusischen Sherrydynastie González, die sich vor über 175 Jahren mit dem britischen Handelshaus Byass zusammentat, um die Welt, allen voran Großbritannien, mit ihrem Spitzenprodukt, dem Sherry, zu beglücken. Da Señor González aber Kaufmann war und von der Weinproduktion keine Ahnung hatte, rief er seinen Onkel zuhilfe, eben diesen Tío Pepe, der die Firma lehrte, wie man Sherry macht. Die britischen Handelshäuser, die diesen im 18. und 19. Jahrhundert verbreiteten, gaben ihm den Namen Sherry, weshalb man lange eher an englische Ladys und Lords in unterkühlten Herrenhäusern als an feurige Andalusier dachte. Aber Tío Pepe und seine Kollegen stammen aus einem kleinen Anbaugebiet zwischen Jerez de la Frontera, Sanlúcar de Barrameda und El Puerto de Santa María. Seine geschützte Ursprungsbezeichnung lautet »Jerez-Xérés-Sherry«.

Es ist nicht die gewöhnliche Traubensorte Palomino, die den Sherry zum Star macht. Das Solera-Verfahren, ein ganz besonderer Reifungs- und Verschneidungsprozess, macht seinen Geschmack und Stil aus. Die Fässer, in denen der Sherry-Wein reift, werden in Reihen übereinander gelagert, den sogenannten *criaderas*. Wenn von den untersten, ältesten Weinen etwas abgefüllt wird, wird sofort Wein aus der Reihe darüber nachgefüllt und diese Fässer wiederum mit Wein aus der Reihe über ihnen, sodass eine konstante, durchkomponierte Mischung stattfindet. Bis zu zehn und mehr Verschnittstufen erlebt ein Sherry, bevor er auf den Tisch kommt.

In Jerez de la Fronteras berühmten Bodegas kann man sich hallenden Schrittes durch diese Reihen von Weinfässern bewegen, den herben Duft der Sherrymischung einsaugen, zusehen, wie der *venenciador* mit einem zylindrischen Behälter am meterlangen Stiel den Sherry aus dem Fass fischt und aus maximaler Höhe ins typische Catavino-Sherryglas rinnen lässt. Dann muss man nur noch verkosten, ein paar Tapas dazwischenschieben, um nüchtern zu bleiben, und seine Lieblingsmarke herausfinden.

El Toro de Osborne
Der spanische Stier

**Von der Markenwerbung zum nationalen Symbol:
In Spanien hat es der Stier von Osborne so weit
gebracht, dass die heutigen Stiere nicht einmal
mehr einen Werbeschriftzug tragen müssen.**

Sie sind stolze 14 Meter hoch, bestehen aus
70 Blechplatten und wiegen vier Tonnen. Aufge-
stellt wurden sie seit 1957, nur waren sie damals
noch Babystiere, gerade mal vier Meter hoch und aus
Holz. Sie trugen weiße Hörner und die Aufschrift
Veterano und warben für einen Brandy aus dem Haus
Osborne. Das vergängliche Holz wurde gegen Metall getauscht und sie wuchsen immer höher, je mehr
Abstand sie nach gültiger Gesetzeslage zu den Landstraßen einhalten mussten.

Wer in den 1980er-Jahren in Spanien mit dem
Auto unterwegs war, kann sich vielleicht erinnern,
dass der Stier zusammen mit Tausenden von Werbe-
plakaten in allen Größen und Farben alles dafür tat,
die Autofahrer vom Verkehr abzulenken. Deshalb erhielten der Stier und seine Werbekollegen 1988 den
Dolchstoß in Form eines absoluten Werbeverbots
entlang der Landstraßen. Woraufhin die Aufschrift
Osborne verschwand, nicht aber der Stier selbst. Bür-
gerinitiativen formierten sich, Gemeinden, Politiker
und Presse zogen mit, und so wurde der Stier 1997
höchstrichterlich zum Kulturgut erklärt.

Die Population hat sich mittlerweile wieder erholt,
und die einst schwer bedrohte Art zählt heute wieder
88 Exemplare, ungleich verteilt übers ganze Land, mit
der höchsten Konzentration in Andalusien. Ausgestorben ist er in Kantabrien und Murcia. In Katalonien
werden Restbestände immer wieder Opfer von natio-
nalistisch motiviertem Vandalismus. In den Regionen
treten die autonomen Stadtmusikanten auf und spotten
den spanischen Stier, als da sind: die galicische Kuh, das
baskische Schaf und der katalanischen Esel (siehe Seite
88), der es am ärgsten treibt.

Estamos en crisis
Die spanische Wirtschaftskrise

Ein junger Vater holt seinen fünfjährigen Sohn seit kurzem selbst nach dem Unterricht von der Schule ab. Er hat seinen Job in der *construcción*, im Baugewerbe, verloren.

Der Mann – nennen wir ihn Manuel – ist Maurer. Jetzt hat Manuel viel Zeit, die er mit seiner Familie verbringen kann, *por lo menos eso* (wenigstens das), sagt er. Ein anderer Vater erzählt, er hätte zum Glück noch Arbeit, *todavía* (noch) fügt er ernst hinzu.

Diese Themen sind mittlerweile alltäglich. Spanien kämpft mit der schwersten Wirtschaftskrise, die das Land jemals erlebte. Hochverschuldet und mit etwa fünf Millionen Arbeitslosen, von denen knapp 20 Prozent aus dem Bausektor stammen. Der Immobilienboom hat ein jähes Ende gefunden und viele Menschen sind nun auf ihren Kreditschulden sitzen geblieben. So haben sie sich ihren Traum vom Eigenheim sicher nicht vorgestellt. Wer durch die Stadt spaziert, wundert sich jeden Tag aufs Neue: *Se traspasa* (zur Übergabe) steht mittlerweile an vielen Geschäften und Restaurants, in denen man vor nicht allzu langer Zeit noch ganz selbstverständlich ein- und ausgegangen ist. Ob der nächste wagemutige Pächter mehr Glück haben wird? Man darf es bezweifeln, zumindest in der augenblicklichen Lage. Denn noch gibt es kein Licht am Ende des Tunnels. Auch die nächsten Jahre werden gekennzeichnet sein von geringer Produktivität, hoher Arbeitslosigkeit und mangelnder Wettbewerbsfähigkeit, da werden sehr viele den Gürtel enger schnallen müssen: *hay que apretarse el cinturón*. Wer darauf keine Lust hat, versucht seine Brötchen im Ausland zu verdienen, in Deutschland zum Beispiel, zumindest, bis sich Spanien wieder erholt hat.

Estatuas vivas
Lebende Statuen

Bei den lebenden Statuen handelt es sich um ein Phänomen, das vielleicht deshalb solche Blüten treibt, weil es mehreren Eigenheiten der Spanier entgegenkommt: der Lust, sich zu verkleiden, dem Wunsch zu unterhalten und einer guten Portion Witz. Die wirtschaftlich prekäre Lage darf auch noch hinzugerechnet werden.

Auf den Straßen und Plätzen findet sich fast alles: Don Quijote, der alte Haudegen, fahrender Ritter mit hölzerner Lanze und silbern schimmernder Rüstung, die Obsthändlerin aus den 1950er-Jahren, ganz sittsam unter ihrem Apfelhut. Der abgehalfterte, dürre Torero, gezeichnet von den Jahren und vom Leben, mit all seinen Herausforderungen. Muskelprotze in Bronze, in deren Pose es ein Normalsterblicher nicht zehn Minuten aushalten würde. Und sie stehen da, unbewegt, unerlöst, und dürfen sich erst rühren, wenn die Münze eines Passanten in der Blechbüchse scheppert. Doch selbst dann schüttelt ein Edelmann oder Torero nicht hemmungslos seine Extremitäten aus. Für minimale Entspannung sorgt eine einzige graziöse Bewegung, die nicht länger als 15 Sekunden dauert, um sogleich wieder einzufrieren.

Wie viel über den Tag an Münzen zusammenkommt, weiß ich nicht, aber es läuft irgendwie. Touristen wollen immer fotografieren, Eltern wollen ihre Kinder zusammen mit den Statuen ablichten, und dafür sind sie auch bereit einen kleinen Beitrag zu entrichten.

Natürlich gibt es auch Piratenkapitän Jack Sparrow, Mickey und Minnie Mouse unter den Statuen. Und dann gibt es noch die wahren Künstler, die sich zusammen mit einem alten Koffer in die royalblaue Badewanne legen und die Gehetztheit eines Reisenden, ja Fliehenden darstellen, ohne sich von der Stelle zu rühren. Ganz großes Kino.

64 Euskara
Am Rande der Pyrenäen

»*Ordaindu nahi dut, mesedez!*« – Wenn Sie
diesen Satz jetzt nicht verstanden haben, nicht
ein Wort, obwohl Sie Spanisch können, dann
können Sie vermutlich auch diesen Satz nicht
anwenden: »*Ez dut euskaraz hitz egiten.*«
Er heißt übersetzt: »Ich spreche kein Baskisch.«

Baskisch *kann* man gar nicht verstehen, wenn
man es nicht selbst spricht, denn es ist weder
mit dem Spanischen noch mit einer anderen
romanischen, noch überhaupt mit irgendeiner
indogermanischen Sprache verwandt. Es ist
eine isolierte, ganz einmalige Sprache, vielleicht
die älteste in Europa. Und ganz schön schwer.
Von den 2,7 Millionen Basken in Spanien und
Frankreich sprechen sie nur etwa 700.000 Menschen. Seit den 1980er-Jahren wird ihr Erlernen
aber von der Autonomen Gemeinschaft Euskadi
(spanisch País Vasco) sehr gefördert.

Der erste Exportschlager der Basken ist und bleibt
ihre Mütze. Die Spanier nennen sie *boina*, die Basken
selbst *txapela* (gesprochen tschapela). Danach kommt
aber gleich die Musik, die mit einem im Baskenland
sehr verbreiteten Instrument gemacht wird: der *trikitixa*
(gesprochen trikitischa), einem diatonischen Akkorde-
on, das rhythmisch schnell gespielt wird und dadurch
seine Herkunft von hinter den Pyrenäen verrät. Der bekannteste *trikitilari* (Trikitixa-Spieler) ist Kepa Junkera.
Der Musiker aus Bilbao (baskisch Bilbo), erobert die
Konzertbühnen in Spanien, Europa und Lateinamerika und bringt traditionelle baskische Volksmusik, ange-
reichert mit allen möglichen aktuellen Einflüssen in die
ganze Welt. Damit ist er ein sympathischer Botschafter
seines Landes und seiner Kultur. Und das Beste: Um seine Musik zu verstehen, muss man nicht einmal Baskisch
können.

Ach ja, der erste Satz oben bedeutet einfach: »Zahlen,
bitte!«

ge **Katolikoak**

KALEA

Reyes Católicos

CALLE

65 Finisterre
Der Welten Ende

Der Wind bläst, die Haare flattern wild um den Kopf, die Luft ist gesättigt mit Wassertröpfchen, man riecht das Meer. Die Brandung gischtet gegen den Felsen und man ist von drei Seiten von Wasser umschlungen.

Einen Schritt weiter endet das Festland und westwärts geht es nur noch über das Meer, vorbei an den portugiesischen Azoren und dann bis zur Ostküste Nordamerikas. Wir wissen das. Die Menschen im Mittelalter wussten es nicht, nicht einmal Kolumbus wusste es, der den neuen Kontinent auf seinen Seefahrten entdeckt hatte. Und so nannten die Menschen dieses Kap »Finisterre«, das Ende der Welt.

Für viele Pilger gilt das Kap noch heute als eigentlicher Schlusspunkt ihrer weiten Reise. Santiago ist das Ziel, Finisterre das Ende. Die 60 Kilometer westwärts kann man notfalls auch mit dem Bus zurücklegen, es sei denn, man begehrte Unterkunft in der Pilgerherberge von Fisterra, wie der Ort heute auf Galicisch heißt. Denn die ist für Pilger reserviert, die zu Fuß oder mit dem Fahrrad ankommen.

Dass das Cabo de Finisterre nicht der westlichste Punkt Europas ist – das ist das portugiesische Cabo de Roca –, nicht einmal der westlichste Punkt Spaniens – das ist die Punta Laxial, etwa 15 km weiter nördlich – ändert nichts an der mythischen Bedeutung dieser kleinen Halbinsel aus Granit, 247 Meter über den anbrandenden Wellen des Atlantiks, der Verlängerung des Camino de Santiago (siehe Seite 34), die den Horizont öffnet hinüber in die Neue Welt.

Flamenco
Leidenschaft als Musik

Die großen Sänger, Musiker und Tänzer des Flamenco erhalten irgendwann einen Künstlernamen, ähnlich wie die berühmten und vom Publikum geliebten Stierkämpfer.

Camarón de la Isla (wörtlich »Sandgarnele von der Insel«), war einer dieser Helden. Der Sänger wurde auf einer Halbinsel in der Provinz Cádiz geboren und war zeitlebens dünn – wie eine Sandgarnele. Er entstammte einer Roma-Familie mit acht Kindern. Der große Fosforito (»das Zündhölzchen«), Tomatito (»Tomätchen«) oder der legendäre Gitarrist aus der Camargue, der Manitas de Plata (»Silberhändchen«) getauft wurde, waren ebenfalls verehrte Idole der Szene. Es werden ihnen sogar Denkmäler gesetzt. Von Camarón gibt es, soweit wir wissen, mindestens zwei.

Worum geht's beim Flamenco? Um Gefühl natürlich, um das eine, ganz große, und um viele kleinere, oft schmerzhafte. Und Flamenco klingt, wenn er nicht verkitscht ist, immer eigenartig, seltsam und fremd. Gerade deshalb lässt er die wenigsten Menschen ganz kalt. Entweder man liebt ihn oder man kann nichts damit anfangen.

Flamenco ist Seele und Technik. Er besteht aus drei Teilen: *cante* (Gesang), *toque* (Spiel der Gitarre) und *baile* (Tanz). Die Rhythmus-Sektion übernehmen *cajón* (ein Schlaginstrument, auch »Rumbakiste« genannt), *castañuelas* (Kastagnetten) und *palmeros* (professionelle Klatscher), die ihre Finger und Handflächen *(palmas)* wie ein Instrument einsetzen.

Es gibt zwei Hauptstilrichtungen: den Flamenco Jondo mit den Liedformen Bulería, Farruca, Martinete, Minera, Petenera, Soleá und Tiento. Er ist die ernsthaftere Variante, die tiefe Gefühle ausdrückt. Der Flamenco Festero oder festlicher Flamenco ist fröhlicher. Dazu gehören Alegría, Fandanguillo, Sevillana, Rumba und Tanguillo.

Flamenco ist romantisch in dem Sinne, dass er dazu neigt, das Leben der *gitanos*, der spanischen bzw. andalusischen Roma, zu verklären. Andererseits bietet er einer in der spanischen Gesellschaft marginalisierten und diskriminierten Minderheit eine Möglichkeit, Anerkennung, Ruhm und Ansehen zu erwerben und von der Bühne aus in die Gesellschaft zu wirken.

Freixenet
Der Sekt mit dem unaussprechlichen Namen

Die Marke Freixenet mit dem x (gesprochen Freschenet), stammt aus Katalonien. Von dort, genauer gesagt aus Sant Sadurní d'Anoia bei Barcelona, kommen seit 1914 Wein und Sekt, der früher *champán* hieß.

Seit die Franzosen die Bezeichnung Champagner schützen ließen, hat er unter der katalanischen Bezeichnung Cava seinen Siegeszug um die ganze Welt angetreten.

Etwa 95 Prozent von Spaniens Cava-Produktion kommen aus dem Anbaugebiet Penedès und aus Sant Sadurní d'Anoia. Die nach der Champagnoise-Methode produzierten Schaumweine reifen in den Sektkellereien, *cavas* (Höhlen), die in und um Sant Sadurní in den Kreidefelsen gegraben sind, auf dem die Stadt steht. Wie beim Champagner erfolgt auch beim Cava eine zweite Gärung in der Flasche, was für die feine, lang anhaltende Perlage des Cava sorgt.

Der größte Umsatz wird jährlich zum Jahreswechsel gemacht. Freixenet startet im Herbst traditionell mit einer riesigen und sehr teuren Werbekampagne, um die monatelang ein großes Geheimnis gemacht wird. Und ganz Spanien fiebert mit. Wer wird wohl dieses Jahr der Megastar sein, der im Freixenet-Werbespot auftritt und den *brindis* (Glückwunsch zum neuen Jahr) ausbringt? 2009 waren es die Synchronschwimmerinnen der spanischen Nationalmannschaft, die sieben Silbermedaillen bei der Weltmeisterschaft in Rom geholt hatten. 2010 war es die kolumbianische Sängerin Shakira, die der Nation ein gutes neues Jahr und das Aufgehen der Sonne wünschte, auch für die benachteiligten Kinder, die Shakira mit ihrer Stiftung »Pies descalzos« (Barfuß), unterstützt. 2011 waren es die Primaballerina der Compañía Nacional de Danza, Sara Baras, und ihr Partner José Carlos Martínez, die werbewirksam mit einem Glas Cava vor den Kameras anstießen und einen Toast aufs neue Jahr ausbrachten.

Wer möchte, kann die Sektkellereien von Freixenet auch vor Ort besichtigen, täglich, und in mehreren Sprachen.

Gazpacho
Kalte Suppe

Der andalusische Gazpacho ist in Sprachkursen und spanischen Grammatiken ein gern verwendetes Beispiel, um den Unterschied zwischen den Verben *ser* und *estar*, die beide »sein« bedeuten, zu veranschaulichen.

Und zwar so: Wenn ein Gast sich im Restaurant beschwert, weil seine Suppe kalt ist, sagt er: »*Camarero, la sopa está fría.*« Das bedeutet, sie ist kalt geworden, deshalb verwendet man das Verb *estar* (drückt einen Zustand aus). Stellt man dagegen fest »*El gazpacho es una sopa fría*«, dann ist das keine Beschwerde, sondern es bedeutet das, dass Gazpacho eine kalte Suppe ist, deshalb das Verb *ser* (drückt eine Eigenschaft aus).

Weg von der Grammatik, hin zur Kulinarik. Der Gazpacho kommt deshalb aus dem Kühlschrank, weil er ein Gericht aus dem heißen Andalusien ist und dort die Funktion hat, den unter der Hitze leidenden Menschen bei der Vorspeise ein wenig Erfrischung zu verschaffen. Ursprünglich war die andalusische Gemüsesuppe ein Arme-Leute-Essen, das mit den Zutaten gemacht wurde, die jeder täglich zu Hause hatte: altes Brot, Wasser, Knoblauch, Tomaten, Gurken, Paprika, Salz und Olivenöl. Je besser die Zutaten, desto besser wird natürlich auch die Suppe. Wer dazu feinste Gemüse und ein Olivenöl der Klasse *extra virgen* verwendet, kann auch Gourmets wie beispielsweise Ferran Adrià damit begeistern. Auf die Frage, was denn seine Lieblingsgerichte seien, antwortete er: Gazpacho und Tortilla. Hier ein einfaches Rezept zum Ausprobieren.

Zutaten

6	reife Tomaten
½	Salatgurke
½	grüne Paprika
½	Zwiebel
1	Knoblauchzehe, je nach Geschmack
3	Scheiben Weißbrot
0,2 l	Wasser
1 El	Weinessig
2 El	Olivenöl
	Salz

Zubereitung

Tomaten schälen, würfeln, alle Zutaten im Mixer pürieren. Dann Salz, Wasser und (gutes) Olivenöl dazugeben. Zum Schluss eventuell durch ein Sieb passieren, wenn man es gern ganz fein hat, und dieselben Gemüsesorten als Würfelchen sowie geröstete Brotstückchen als Einlage anbieten.

¡Que aproveche! – Guten Appetit!

Gibraltar
Zankapfel mit Affen

Nach den Neandertalern, die hier ihr letztes europäisches Rückzugsgebiet fanden, und vor den durchgefütterten Berberaffen hatte der *Peñón*, pardon, der Felsen von Gibraltar, über die Jahrhunderte hinweg noch eine ganze Reihe von wechselnden Bewohnern.

Obwohl der Wahlspruch Gibraltars »Keinem Feind eroberbar« heißt, begann seine belegte Geschichte mit einer Eroberung. 711 nahm der maurische Feldherr Tarik den Felsen ein. Er nannte ihn *Dschebel Tarik*, »Berg des Tarik«. Seine Nachkommen und Glaubensbrüder blieben bis 1492 in der Gegend. 1704 eroberten Briten im Verbund mit Holländern Gibraltar vom Meer aus. Das Gemeine: Sie griffen nicht im Morgengrauen an, sondern just am Nachmittag, während der Siesta und besiegten die trägen Spanier im Handstreich. Im Vertrag von Utrecht wurde 1713 die Herrschaft der Briten bestätigt, seit 1830 ist Gibraltar britische Kronkolonie und Zankapfel zwischen Großbritannien und Spanien.

Jahrzehntelang blieb die Grenze zwischen beiden Ländern im vergangenen Jahrhundert geschlossen, der Flugverkehr wurde eingestellt und erst vor wenigen Jahren wiedereröffnet. Erst 2009 besuchte der erste spanische Außenminister offiziell den britischen Gouverneur von Gibraltar. Dieser regiert knapp 30.000 *gibralteños*, die über britische Pässe verfügen, Englisch sprechen und meistens auch Spanisch oder eine Mischung aus beiden, die *llanito* heißt.

Wie die Gänse das Capitol, so bewachen Berberaffen, die irgendwann aus Nordafrika einwanderten, den Felsen vor Feinden, zumindest dem Glauben der Bewohner nach. Winston Churchill ließ sogar genetischen Nachschub aus Afrika einfliegen, um die Population aufzufrischen. Heute sind sie für manche ein Ärgernis, für die meisten aber ein Wahrzeichen, das zu Gibraltar gehört wie der Peñón selbst.

Der südlichste Punkt des europäischen Festlandes ist übrigens nicht Gibraltar, sondern die benachbarte Punta de Tarifa. Von dort sind es nur mehr ganze 14 Kilometer nach Afrika.

Hacer cola
Schlange stehen

Moritz betritt ein Fischgeschäft in Nerja. »Buenas tardes«, grüßt er. Ein ungeordneter Haufen von Kunden bevölkert das Geschäft, die alle vor ihm dran sind, und Moritz fragt sich: Wann bin ich denn nun dran?, als hinter ihm die Türglocke bimmelt und eine Señora mit vollem Einkaufskorb eintritt.

»*¿Quién da la vez?*«, fragt die Dame und alle drehen sich nach Moritz um. »*¿Usted?*«, fragt die Señora und Moritz nickt vorsorglich. So läuft das also. Wer aber war vor ihm? Da zwinkert ihm ein Herr neben ihm zu und zeigt mit dem Finger auf sich. »*Ah, muy bien*«, jetzt ist alles klar.

Obwohl Spanien nicht für die Disziplin seiner Einwohner weltbekannt geworden ist, pflegen die Spanier doch das Schlangestehen, wenn auch auf ihre Weise. Es muss keine exakt ausgerichtete Warteschlange sein, in die man sich stellt, aber die Reihenfolge, also dass immer der zuletzt Ankommende auch der Letzte ist, der drankommt, das ist wichtig. Egal ob beim Einsteigen in den Bus, beim Anstellen vor einem Informationsschalter, beim Kaufen von Lotterielosen vor dem Laden von Doña Manolita (siehe Seite 80) oder beim Einchecken am Flughafen. Es geht immer schön der Reihe nach, und man tut gut daran, sich an dieses ungeschriebene Gesetz zu halten. Eine kleine Frage – »*¿Quién da la vez?*« – und die Sache ist klar.

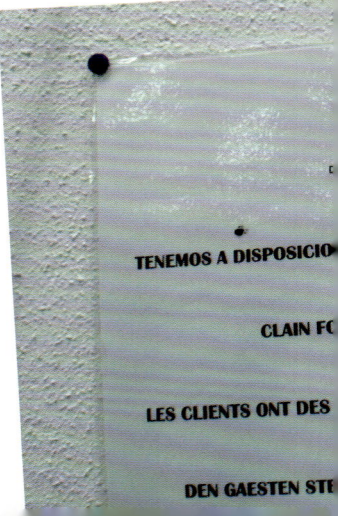

TENEMOS A DISPOSICIO

CLAIN FC

LES CLIENTS ONT DES

DEN GAESTEN STE

Hojas de reclamaciones
Beschwerdeblätter

»Tenemos a disposicion de los clientes las hojas de reclamaciones« – »Den Gästen stehen Beschwerdeblätter zur Verfügung.«

Dieses Schild findet man, meist mehrsprachig, in jedem Geschäft und Restaurant sowie in allen Bars Spaniens. Meist ist es mit Reiszwecken an einen vergessenen Winkel gepinnt oder es geht neben zig weiteren Blättern und Notizen unter. Manche Geschäftsleute adeln dieses Blatt Papier aber auch mit einem schönen Rahmen und hängen es gut sichtbar für alle Kunden und Gäste auf. So unterschiedlich sie auch platziert sein mögen, die Hinweise auf die Beschwerdeblätter müssen in jedem Lokal aufgehängt und bei Bedarf ausgehändigt werden. Aber wer verlangt sie? Wann kommen sie zum Einsatz und wohin werden sie dann geschickt?

Eines ist sicher: Wer ein Beschwerdeblatt anfordert, der hat nicht nur einen lauwarmen Kaffee oder ein trockenes Hefegebäck bekommen. Denn solche Dinge regelt man auf freundschaftliche Weise mündlich. Die Gastronomie ist dennoch der Haupteinsatzort für die *hojas*. Wer seine *patatas fritas* (Pommes frites) in altem Frittierfett gebacken bekommt oder eine *ensalada rusa* (Salat mit Mayonnaise), die schon Beine bekommen hat, und das vielleicht nicht zum ersten Mal, der füllt ein Beschwerdeblatt in gut leserlicher Schrift aus, behält zwei Durchschläge (den weißen und den grünen) und reicht es dann beim *consumo*, der *Dirección General de Consumo* (spanische Verbraucherschutzbehörde), ein. Denn schließlich will der gewissenhafte Bürger auch seine Mitmenschen vor derartigen Pleiten bewahren. Es muss aber schon *algo muy grave* (etwas sehr Schwerwiegendes) geschehen sein, damit eine Anzeige fällig wird.

Oft müssen die Ladeninhaber sowieso erst in den Tiefen irgendwelcher Schubladen suchen, bis sie die Blätter überhaupt finden. Aber allein die Frage nach dem Beschwerdeblatt fördert manchmal die Bereitschaft zum Dialog ganz enorm.

72 Horchata de chufa
Einmal Erdmandelmilch, bitte!

Milch ist eigentlich das falsche Wort, denn eine *horchata* ist ein rein pflanzliches Getränk, gemacht aus den Knollen der *chufa*, die wir, ebenfalls behelfsmäßig, als *Erdmandel* ins Deutsche übersetzen.

Aber auch die *chufa* hat mit einer Mandel nur ungefähr so viel zu tun, wie ein österreichischer Erdapfel mit einem Apfel. Die Erdmandel – die übrigens in der Region um Valencia angebaut wird – gehört zu den Zyperngräsern. Ihre Knollen werden geerntet, gewaschen, zerkleinert, in Wasser eingeweicht, mehrfach ausgepresst und schließlich mit Zucker abgeschmeckt. Ergebnis dieses langwierigen und gar nicht so lecker klingenden Prozesses ist eine weiße Flüssigkeit, die reich an Mineralien und Vitaminen ist – also sehr gesund.

Frische *horchata* – und nur sie schmeckt eigentlich – ist nicht länger als einen Tag haltbar und sollte möglichst gekühlt getrunken werden. Die *horchaterías* benutzen dafür eine Art Sorbetmaschine. In und um Valencia gibt es die *horchata* (valencianisch *ortxata*) in Cafés und an eigenen Ministänden als Erfrischung in den heißen Sommermonaten.

Die Erdmandel ist eine Frucht des Winters, geerntet wird von Oktober bis Dezember. Von den Arabern auf die Iberische Halbinsel mitgebracht, verbreitete sie sich von dort aus ungezügelt weiter und bewohnt heute als ungeliebtes Unkraut so manchen Acker in Europa.

Dennoch: Ein Schattenplätzchen, ein Glas gekühlte *horchata*, dazu ein Stück Hefegebäck – und man ist gewappnet, der spanischen Sommerhitze zu trotzen.

Hoy pago yo
Heute zahle ich

Unlängst haben sich zwei spanische Komiker über das spanische Ritual des Bezahlens im Lokal in einem drastischen Fernsehspot lustig gemacht: Zwei Männer kommen abends aus der Bar und werden in einer dunklen Gasse von einem Gangster mit dem Messer bedroht: »Geld her!«.

Beide zücken die Brieftasche. »*No, hoy pago yo*«, fängt der erste an und streckt dem Banditen das Geld hin. »*No, qué va*«, protestiert der andere, kommt gar nicht in Frage. »*Ahora me toca a mí*« – jetzt bin aber ich dran. So streiten sie dahin. Der Einwand des Diebes, sie könnten ja zusammenlegen, wird rundweg abgeschlagen. »Warum zahlst eigentlich immer du?«, fährt der eine den anderen an. »Weil wir in meinem Viertel sind«, lautet die überzeugende Begründung. Der Zahlwillige nimmt dem Dieb schließlich das Messer ab und zwingt ihn, sein Geld zu nehmen. So gibt sich sein Freund zwangsläufig geschlagen. Aber nicht, ohne vorher anzukündigen: »*Pero la próxima vez pago yo.*« – »Aber beim nächsten Mal zahle ich.«

Was hier derart überzeichnet wird, ist gar nicht so weit weg von der Realität. In Spanien ist es Ehrensache und auch eine Herzensangelegenheit, seine Freunde einzuladen. Immer reihum, versteht sich. Und zur Festlegung der Reihenfolge wird dieses Ritual veranstaltet. In der Regel ist das Männersache. Ohne geht es eigentlich nicht. Es geht auch gar nicht, dass jeder sein Bier und seinen Teller Oliven selbst bezahlt. Das wäre kalt und herzlos. Freunde laden sich gegenseitig ein. Derjenige, der sich heute beim Bezahlen durchsetzt, wird morgen dann der Eingeladene sein. Und so sollte man das selbst auch handhaben, wenn man eingeladen wird. Wer dieses Ritual nicht mitspielen will, der muss eben allen anwesenden Zahlungswilligen ein Schnippchen schlagen und diskret beim Kellner die Runde bezahlen. Das wird zwar wiederum eine Protestwelle hervorrufen, aber dann ist die Sache erledigt und aller gespielte Unmut perlt an Ihnen ab wie Wasser auf einem Lotusblatt.

74 Instituto Cervantes
Das spanische Kulturinstitut

Spanisch ist weltweit im Aufschwung. Es wird von 450 Millionen Menschen als Muttersprache gesprochen, mehr als 30 Millionen davon leben in den USA.

Das Mutterland Spanien fällt da mit seinen 47 Millionen Sprechern zahlenmäßig gar nicht mehr so ins Gewicht, aber von hier nahmen Sprache und Kultur der spanischsprachigen Länder auf der Welt, vor allem in Nord-, Mittel- und Südamerika, ihren Ausgang. Dass der Vorgang der Kulturübermittlung nicht auf friedlichem Weg, sondern über eine militärische Eroberung, die *Conquista* der amerikanischen Länder ging, ist bekannt.

Heute ist die Pflege und Verbreitung von Sprache, Literatur und Kultur der spanischsprachigen Länder in die Hände einer wichtigen Institution gelegt, die sich seit 1991 mit großem Engagement darum kümmert: den Instituten, die nach dem spanischen Nationaldichter Cervantes benannt sind und die, wie die deutschen Goethe-Institute, über die ganze Welt verstreut sind. In Deutschland gibt es fünf Institute, in München, Bremen, Hamburg, Berlin und Frankfurt am Main. Weltweit sind es 67 Institute in 40 Ländern. Lange schon gibt es auch ein Centro Virtual Cervantes, dem keine geografischen Grenzen mehr gesetzt sind. Die Institutos betreuen 200.000 Spanischlernende, 130.000 real und 70.000 virtuell. Stammsitze der spanischen Institute sind Madrid und Alcalá de Henares, wo Cervantes' Geburtshaus steht.

Was diese Institute an Sprach- und Kulturvermittlung leisten, ist beeindruckend. Im Instituto Cervantes de Bremen lernen Sie beispielsweise mit lustigen Postkarten, dass *el ente* keine Ente ist, *el mantel* kein Mantel und *la tableta* weder eine Tablette noch ein Tablett, sondern eine Tafel (Schokolade). Im Logo betreiben die Institutos Cervantes Artenschutz, denn es bildet stilisiert den spanischen Sonderbuchstaben *ñ* ab, der auf jeden Fall weltweit schützenswert ist, gerade in Zeiten des Internets und der überhandnehmenden Sprach- und Kulturflut aus dem angelsächsischen Raum: »*¡Viva la ñ!*«

La bota
Ein Ledersack

Mit *bota* ist hier eine *bota de vino*, ein lederner Trinkbeutel, gemeint, den jeder aus den Souvenirläden kennt. Kann man sich an die Wand hängen, *Recuerdos de España*, Erinnerungen an den letzten Spanienurlaub.

Tatsächlich ist die *bota* aber ein höchst praktisches Utensil, das auch heute noch vielfältige Verwendung in Spanien findet, zum Beispiel beim Picknick und auf Ausflügen. Da der traditionell aus Leder gefertigte Beutel innen mit Pech versiegelt ist, geht nichts durch, und Wein hält sich darin lange frisch und kühl. Man kann ihn auch bei den Feld- oder Erntearbeitern antreffen.

Am häufigsten ist die *bota* bei Umzügen und Straßenfesten im Einsatz. Dann wird sie gern von ihrem Besitzer oder ihrer Besitzerin im Freundeskreis herumgereicht. Jeder darf einen Schluck nehmen. Und hier kommt ihr größter Pluspunkt endlich voll zur Geltung: Als Ausguss hat die *bota* nur eine schmale Öffnung – und man muss, ja soll sie nicht in den Mund nehmen, sondern sie – wenn man's kann – ca. 30 Zentimeter über dem geöffneten Mund in Position bringen, dann den Mund unter den dünnen Strahl halten und beim Trinken schlucken. Nicht zwischendrin absetzen! Das könnte fatale Folgen für die Oberbekleidung haben. Dazu gehört ein bisschen Geschick, das ist klar. Also vielleicht vorher mit Wasser üben.

Wenn Sie eine *bota* besitzen und nicht nur an die Wand hängen, sondern auch benutzen wollen, dann sollten Sie darauf achten, dass die Pechschicht innen nicht austrocknet und zusammenklebt. Damit sie auch beim nächsten Umzug wieder zum fröhlichen Einsatz kommen kann.

78 La Catedral de Don Justo
Die Unvollendete

Hier ist nicht Don Quijote am Werk, sondern Don Justo – auch ein waschechter und ziemlich hartnäckiger Kastilier, der seit 50 Jahren an seinem Gotteshaus baut, ohne Maurer oder Architekt zu sein.

Justo Gallego Martínez, geboren 1925 in Mejorada del Campo bei Madrid, trat mit 27 ins Kloster Santa María de la Huerta ein und musste es acht Jahre später verlassen, weil er Tuberkulose hatte. Er ging zurück in seinen Heimatort und begann auf eigenem Grund und Boden mit dem Bau seiner Kathedrale, einem Ein-Mann-Projekt, gelegentlich unterstützt von einzelnen Helfern vor Ort.

Don Justo verwendet, wenn möglich, Recyclingmaterial von anderen Bauten, denn für das Baumaterial ist sein ganzes Erbe draufgegangen. Und weil er keinerlei bautechnische Ausbildung oder fundierte Kenntnisse besitzt, ist es eigentlich schon ein Wunder, dass die Unvollendete überhaupt noch steht. Die Türme seiner Kirche sind mittlerweile 60 Meter hoch. Er habe aus Büchern gelernt, sagt er, dessen Schulbildung der Ausbruch des Bürgerkriegs beendete. Eine Baugenehmigung hat er dafür weder bekommen, noch je beantragt.

»Die Leute sagen, ich verschwende meine Zeit«, sagt der tiefgläubige Don Justo, »aber ich habe eine Vision«. Er steht auch mit 85 Jahren noch jeden Morgen um halb vier auf und geht auf seine Baustelle, um sein gottgefälliges Tagwerk zu verrichten. »Ich widme meine Arbeit dem Allmächtigen und es macht mich glücklich zu sehen, was ich bereits geschafft habe. Es gibt kein Datum für die Fertigstellung und ich werde daran weiterbauen bis ans Ende meiner Tage. Denn alles, was wir in Seinem Namen tun, hilft uns, seine Herrlichkeit zu erkennen.«

77 La duquesa
Die Herzogin von Alba

Cayetana Fitz-James Stuart, die derzeitige Herzogin von Alba, ist eine superreiche Frau. Sie hat 17 Vor- und sechs Nachnamen und mehr Adelstitel als *Her Majesty*, die Queen.

Sie steht quasi als *Pars pro toto*, stellvertretend für den gesamten Hochadel, die spanischen *Grandes*. Von den 404 in Spanien blühenden Grandes-Titeln vereinigt sie ganze 73 in ihrer Person. Sie ist 18 Mal Herzogin, 15 Mal Marquise, 21 Mal Gräfin und 19 Mal Grande, außerdem Großgrundbesitzerin und als solche auch Empfängerin von EU-Agrarsubventionen in Höhe von mehreren Millionen. Aber das scheint sie nicht zu genieren. Ebensowenig, dass sie heute auch als Karikatur und Witzfigur herhalten muss, weil die zweifache Witwe im zarten Alter von 85 noch einmal einen braven Beamten geheiratet hat, der 24 Jahre jünger ist als sie, und weil sie einen Teil ihres Vermögens in Schönheitsoperationen angelegt hat. Im Gesamtzusammenhang sind diese Ausgaben aber zu vernachlässigen.

Ein prominenter Platz in der *Prensa del Corazón*, der Regenbogenpresse, ist ihr jedenfalls sicher. Sie hat vorsorglich schon einen Teil ihres Erbes an die Kinder verteilt, um laut gewordener Kritik entgegenzuwirken. Die echten Goyas, Velázquez' und Tizians, die sich in ihrem Besitz befinden, ebenso wie die Erstausgabe des »Don Quijote« von 1605, hat sie vorerst noch selbst behalten. Auf zwischen 600 Millionen und drei Milliarden wird ihr Vermögen geschätzt, damit ist sie wohl reichste Frau Spaniens. Schön ist sie nicht mehr, und wäre Goya noch Hofmaler, dann würde man das auf ihrem Porträt auch sehen: weiße Ringellocken, Schlauchbootlippen, ein altrosa Kleid mit Rüschenbesatz und mehreren Volants, Storchenbeine in rosa Ballerinas. Der Maler hätte so wenig Gnade walten lassen wie die Sensationspresse heute.

In der Prensa del Corazón ist *la duquesa* häufig zu Gast.

78 La España verde
Der wilde Nordwesten

Die Sprache ist mit dem Portugiesischen verwandt, die Musik klingt keltisch, der Landstrich ist grün und seine Spezialität sind Meeresfrüchte. Das Land beherbergt den drittgrößten Wallfahrtsort der Christenheit nach Rom und Jerusalem, und hier wurde im Mittelalter auch das Ende der Welt vermutet: *Finis Terrae*.

Seine Küste ist 1.650 Kilometer lang, fast zwei Drittel davon sind Steilküste. Die Rede ist vom grünen Nordwesten Spaniens, der Autonomen Gemeinschaft Galicien (spanisch Galicia, galicisch Galiza). Die galicische Sprache, das *galego* (spanisch *gallego*), ist in den vier galicischen Provinzen zweite Amtssprache und wird von etwa der Hälfte der Bewohner auch aktiv beherrscht. Galiciens Küsten sehen aus wie Fjorde, sind aber schlauch- oder trichterförmige Flussmündungen und anders als Fjorde nicht durch Gletscherausschliffe entstanden.

Ihrem keltiberischen Ursprungsvolk haben die *gallegos* ihr Nationalinstrument, die *gaita*, zu verdanken, ein waschechter Dudelsack, hergestellt aus einem Schaf- oder Ziegenfell, die Pfeifen aus Buchsbaum. Galicische *gaiteros* fühlen sich in Schottland und Irland fast heimischer als in anderen spanischen Regionen. Ihre Musik ist seit Jahren ein Exportschlager, ebenso wie galicische *marisco* (Meeresfrüchte), allen voran die *vieiras* (Jakobsmuscheln), die *tetillas* (galicischer Käse in Brustform) oder der feine Weißwein Ribeiro.

In Südamerika werden eigentlich alle Spanier *gallegos* genannt, denn aus Galicien kamen die meisten spanischen Auswanderer. Sie sind bis heute das, wofür in Deutschland die Ostfriesen herhalten müssen: Protagonisten einer eigenen Kategorie von Witzen und Witzgeschichten. Davon nur eine Kostprobe: Ein *gallego* fährt im Auto durch London und hat das Radio an. Verkehrsnachrichten. »Achtung, Achtung! Ein Geisterfahrer ist unterwegs, bitte fahren Sie vorsichtig!« Sagt der *gallego*: »Wieso einer? Tausende!«

79 La familia
Die spanische Familie

Manchmal wundert man sich, warum es bei einer Jugend-arbeitslosenquote von 40 bis fast 50 Prozent in Spanien nicht längst zur Revolution gekommen ist und warum die *indignados* (die Empörten, siehe Seite 176) bisher so diszipliniert und gewaltlos ihre Anliegen vortragen.

Warum das System in Spanien trotzdem noch funktio-niert, hängt mit den familiären Strukturen des Landes zusammen. Die Familie ist da und hält zusammen, wenn einer seinen Arbeitsplatz verliert oder zu wenig Einkom-men hat, um selbstständig leben zu können. Junge Leute, die sich keine eigene Wohnung leisten können, bleiben zu Hause wohnen. Und da es so gut wie keine Unterstützung bei Lebensunterhalt und Wohnungskosten gibt, bleibt ih-nen auch keine andere Wahl. Der Rauswurf aus dem »Hotel Mama« funktioniert ja nur, wenn es Alternativen gibt. Und die Straße ist keine Alternative, die sich Eltern für ihre Kinder wünschen. Dann rückt man eben zusammen, dann zweigen die Großeltern eben etwas von ihrer Pension ab, damit die Enkel über die Runden kommen.

Überhaupt kommt den Omas und Opas eine tragende Rolle in der spanischen Gesellschaft zu. Sie müssen die Er-werbstätigen unterstützen, wo sie können, und tun dies meist, auch wenn sie sich ein ruhigeres Leben im Alter vorstellen könnten, bei dem sie nicht jeden Tag die Enkelkinder zur Schule bringen und wieder abholen müssen, Essen kochen, damit Kinder und Kindeskinder abends etwas Warmes zu essen bekommen, Ferienzeiten überbrücken etc. Das Schöne daran, sie sitzen nicht auf der Ruhebank und tappen in kei-ne Einsamkeitsfalle. Die Senioren werden richtig gebraucht. Und das hält fit. Die Lebenserwartung der Spanier ist eine der höchsten der Welt. Dass die Geburtenrate die niedrigste in Europa ist, ist ebenfalls den prekären Arbeitsverhältnissen geschuldet. Denn es ist nicht so, dass junge Spanier keine Kinder möchten. Der ganz überwiegende Teil wünscht sich Kinder, weiß aber nicht, wie er ausreichend für sie sorgen soll. Und das ist sehr traurig, in einem wohlhabenden europäischen Land.

La familia real
Die königliche Familie

80

**Dem Hochadel geht es in Spanien immer noch prächtig.
Was man von den Mitgliedern des Königshauses im
Moment nicht sagen kann.**

Das Familienoberhaupt, König Juan Carlos I, hat gerade alle Hände voll zu tun, einige vor dem Straucheln zu retten und aus der öffentlichen Schusslinie zu ziehen. Dabei ist er selbst durch seinen Hüftbruch auf der Elefantenjagd in Afrika mitten dort hineingeraten.

Die älteste Königstochter, Infantin Elena, hat sich von ihrem Ehemann getrennt, von einer Scheidung ist im katholischen Spanien aber nicht die Rede. Und erst die angeheirateten Bürgerlichen! Letizia Ortiz, Ex-Journalistin und Gattin des Thronfolgers Felipe, will partout noch dünner als Kate Middleton sein, verzichtet auf ihr angeborenes Profil und lässt stattdessen alles abschleifen, was nicht 100 Prozent gerade ist.

Und schlimm hat es nun auch das Sandwichkind, Infantin Cristina, getroffen. Ihr bürgerlicher Ehemann, der baskische Ex-Handballer Iñaki Urdangarín, stand in Mallorca vor Gericht. Öffentliche Gelder sollen in seiner ominösen Sportstiftung versickert sein wie Quellen im Karst. Er hatte sich mit Familie in die USA abgesetzt, aber nun holte ihn der Korruptionsvorwurf ein. Wie tief auch die Infantin Cristina mit drinsteckt, ist noch nicht bekannt. König Juan Carlos I hat ihren Gatten vorsorglich aus allen öffentlichen Auftritten zurückgezogen und – unerhört und revolutionär – die staatlichen Apanagen für das Königshaus transparent gemacht. Ob er auch alle Goyas, Velázquez' und andere Vermögenswerte angegeben hat? Wahrscheinlich hat er die Erstausgabe von Calderóns »Das Leben ein Traum« von 1636 vergessen.

DE LA
REVUELTA
A LA
POSMODERNIDAD
(1962-1982)

REINA SOFIA

5 octubre 2011 – 6 febrero 2012
alighiero boetti estrategia de juego

Die spanische Königin war Namensgeberin des 1992 eröffneten *Museo Nacional Centro de Arte Reina Sofía*, in dem spanische Kunst des 20. Jahrhunderts gezeigt wird. Unbedingt sehenswert!

81 La fregona
Der Wischmopp

Manuel Jalón Corominas ist in Deutschland ein Unbekannter. Dabei hat der spanische Flugzeug-ingenieur aus der Rioja eine ganz wichtige Sache erfunden, nämlich die *fregona*.

Sie wissen schon, diesen Wischmopp mit den Putzlappenstreifen, der in einem Eimer ausgedrückt wird, und mit dem man Böden feucht wischen kann.

Der Clou bei der Sache ist – ähnlich wie bei der ebenfalls spanischen Erfindung des Lollipops (siehe Seite 56) – der Stil, an dem Manuel Jalón die Putzlappen befestigte. Bis in die späten 1950er-Jahre war es üblich, dass die Frauen beim Putzen auf den Knien durch die Räume rutschten und den Putzlappen mit der Hand über den Boden bewegten. Bei höchster Arthrose-Warnstufe für die Knie, Rückenschmerzen, demütigender Haltung und Händen, die von scharfer Waschlauge malträtiert werden, keine Tätigkeit, um die man sich reißen würde.

Jalón befreite die spanischen Frauen von diesem Joch und die *fregona* trat einen Siegeszug durch die ganze Welt an. Sein Patent verkaufte der Tüftler später an die holländische Firma Curver, um sich neuen Erfindungen zuzuwenden. Der Einwegspritze zum Beispiel. Die geht ebenfalls auf das Konto von Jalón, der 2011 in Zaragoza, wo er fast sein ganzes Leben verbracht hatte, verstarb.

82 La Semana Santa
Die Karwoche

Schaurig und gruselig geht es zu am *Viernes Santo* (Karfreitag) in Spanien. Obwohl die Straßen voller Menschen sind, ist es mucksmäuschenstill.

Am Mittag haben die Hauptprozessionen der Karwoche begonnen. Die *nazarenos*, Männer in schwarzen Kutten und mit charakteristischen Spitzhauben, laufen meist barfuß durch die Straßen, schleifen rasselnde Ketten an den Füßen hinter sich her und schwenken duftende Weihrauchlampen. Die *penitentes* (Büßer) schleppen schwere Holzkreuze auf ihren Schultern. Auch sie tragen Spitzhauben, deren Spitze aber, anders als bei den *nazarenos*, nach hinten hängt. Sie tragen das Kreuz über die vorgeschriebene Strecke, deren Ausgangspunkt immer die Kirche der jeweiligen *hermandad* oder *cofradía* (Bruderschaft) ist. Die ganze Plackerei steht sinnbildlich für die letzten qualvollen Stunden Jesu Christi vor seiner Kreuzigung.

Die dritte Gruppe sind schließlich die *costaleros*. Sie tragen die schweren, aufwendig geschmückten *pasos* (prunkvolle Tragegestelle mit Marien- oder Christusfiguren oder ganzen Passionsszenen) durch die Gassen. So ein Gestell kann bis zu einer Tonne wiegen. Für die Träger ist ihr Amt aber eine große Ehre und ein paar gesammelte Pluspunkte im Hier und Jetzt können ja später nie schaden. Manche Züge werden von Orchestern begleitet, die mit Pauken und Trompeten für die musikalische Untermalung sorgen. In Andalusien, besonders in Sevilla und Granada, finden alljährlich die berühmtesten und größten Prozessionen statt. Ein Event, das man sich keinesfalls entgehen lassen sollte, wenn man in der Nähe ist – ob nun als überzeugter Gläubiger oder Atheist. Spätestens bei der *Saeta al Cristo de los Gitanos*, dem Klagelied an den Christus der Zigeuner, das gesungen oder vom Orchester gespielt wird, bekommt jeder eine Gänsehaut.

La vestimenta
Dresscode

Man kann schon sagen, dass es in Spanien einen Dresscode gibt. Das ist ganz simpel und eigentlich selbstverständlich, würde man meinen, gibt aber doch immer noch Anlass für interkulturelle Schockerlebnisse.

Eine Regel heißt zum Beispiel: Gehe nicht mit denselben Klamotten, die du am Strand trägst, in ein Speiselokal – es sei denn, es handelt sich um ein *chiringuito*, ein Büdchen am Strand (siehe Seite 52), in dem es Cola und *bocadillos* gibt (siehe Seite 18). Aber mit kurzen Hosen und Flipflops ins Restaurant, damit macht man sich keine Freunde. Eventuell wird man sogar darauf hingewiesen, dass diese Art der Kleidung als nicht angemessen für die Umgebung betrachtet wird. Eine gewisse Kleiderordnung gilt also nicht nur für Kirchen, sondern auch für Museen und andere Sehenswürdigkeiten oder eben Restaurants.

In Spanien legt man Wert auf Kleidung – und dazu zählen auch die Schuhe. Zwar gibt es auch das Sprichwort *»Aunque la mona se vista de seda, mona queda«*. Das heißt wörtlich: »Auch wenn die Äffin sich in Seide kleidet, bleibt sie doch Äffin«. Aber auf *buena presencia* (ein gepflegtes Äußeres) wird viel Wert gelegt. Im Bikinioberteil oder barfuß einen Laden zu betreten, das zeugt von schlechtem Geschmack und ist ein absolutes No-Go.

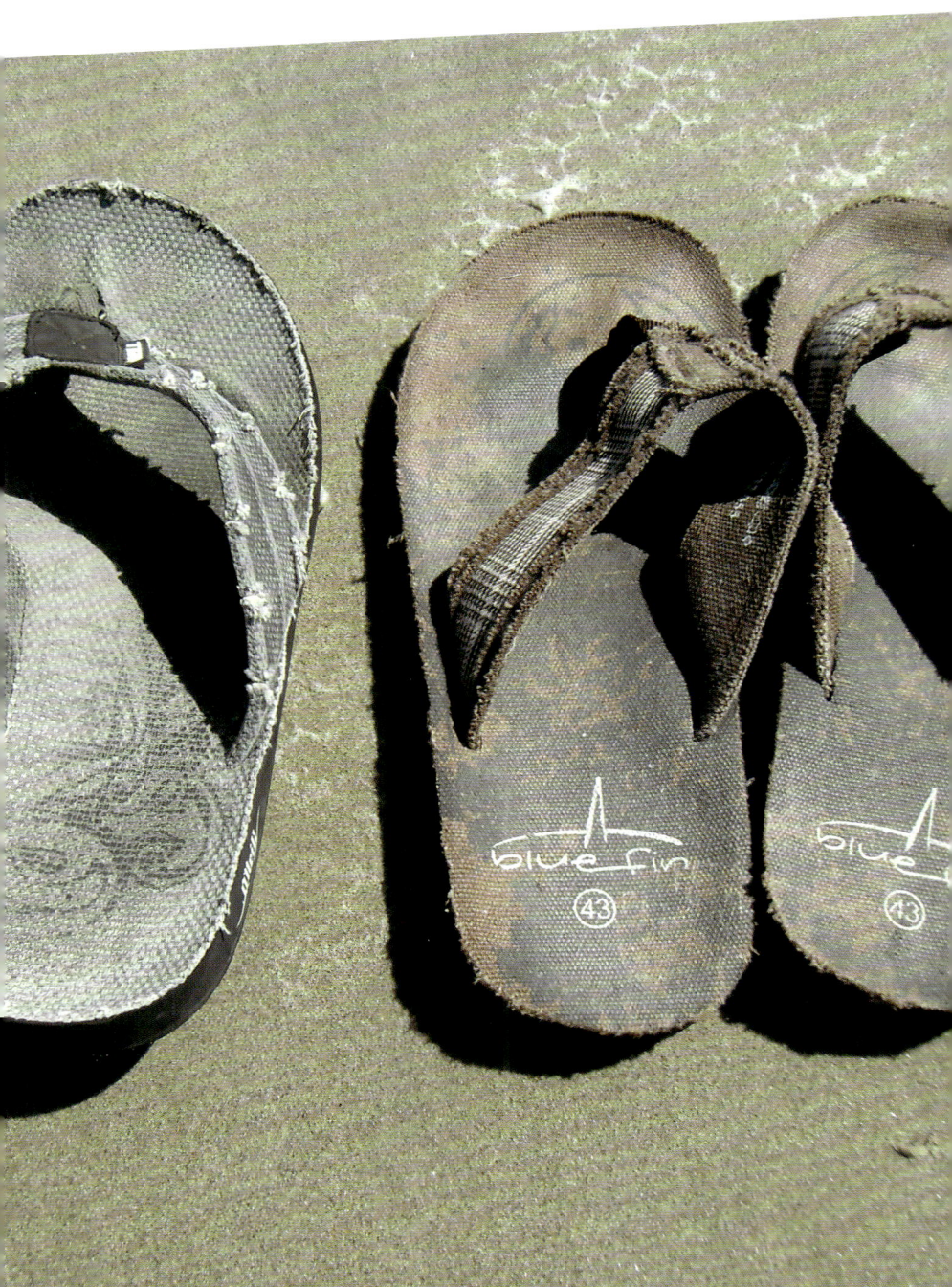

La vuelta al cole
Die Rückkehr der Schüler

In Frankreich heißt dieses Ereignis *la rentrée*, in Spanien *vuelta al cole*, in Deutschland einfach Schulanfang nach den großen Ferien.

Es fehlt uns ein eigenes Wort dafür, denn dieser Event ist bei uns nicht so gewaltig. Gewaltig sind in Spanien vor allem die Kosten, weshalb es speziell für die *vuelta al cole* auch staatliche Hilfen für kinderreiche Familien mit geringem Einkommen gibt oder Bankkredite für diesen Anlass.

Warum ist dieser Termin im September so gefürchtet bei den Eltern schulpflichtiger Kinder? Weil die nötigen Ausgaben ein Loch in den Familienhaushalt reißen. Lehrmittelfreiheit ist in Spanien ein Fremdwort. Bücher müssen von den Eltern gekauft werden: 300 Euro. Bei Gebrauchtkäufen ist es etwas weniger, aber nicht viel. Und der Rest?

Der dickste Posten ist für viele die Schuluniform, sehr verbreitet in Spanien, nicht nur an den privaten und katholischen, sondern auch an den staatlichen Schulen. Und sie besteht nicht nur aus Rock und Bluse bzw. Hose und Hemd. Zu diesen Basics kommen Strümpfe, Schuhe, Shorts, Schürzen, Sportkleidung und oft auch teure Jacken in den Farben und Mustern der Schule. Uniformen sollen haltbar sein, deshalb wird auf Stoffqualität geachtet. Gekauft werden sie z. B. im Corte Inglés, einem Kaufhaus, das nicht gerade als Billigladen bekannt ist.

Die *cuesta de septiembre*, der finanzielle Aufwand nach den Ferien, kostet Eltern aktuell durchschnittlich zwischen 600 und 720 Euro pro Kind. Vom Kindergeld können die Spanier das nicht zusammensparen, denn das gibt es nur bei einem Familieneinkommen unter 800 Euro im Monat, und dann auch nur maximal 40 Euro pro Kind und Monat.

Noch nicht eingerechnet sind Kosten für das Schwimmbad, die Musikschule, den Sportverein. Das große Ereignis für die *peques* (Kleinen) ist keine ungetrübte Freude für die Großen, die sich jedoch bis Dezember wieder aus ihrer Schockstarre lösen müssen, denn dann kommen die Weihnachtseinkäufe. Am 7. Januar, wenn auch in Spanien Weihnachten endlich vorbei ist, beginnt dann die *cuesta de enero*, die Saure-Gurken-Zeit.

Las dos Españas
Die zwei Spanien

Über diesen angenommenen Antagonismus der »beiden Spanien« kann man sicher streiten. Es ist zumindest ein für die jüngere spanische Geschichte gültiges Konzept, das im Spanischen Bürgerkrieg (1936–1939) seinen traurigen Höhepunkt fand. Was sind diese »zwei Spanien«?

Beschrieben hat der Dichter Antonio Machado (1875–1939) sie so:

*Ya hay un español que quiere
vivir y a vivir empieza,
entre una España que muere
y otra España que bosteza.
Españolito que vienes
al mundo, te guarde Dios.
Una de las dos Españas
ha de helarte el corazón.*

Es gibt einen Spanier, der leben
will und zu leben beginnt,
zwischen einem Spanien, das stirbt,
und einem Spanien, das gähnt.
Kleiner Spanier, der du
zur Welt kommst, Gott behüte dich.
Eines der beiden Spanien
wird dir das Herz gefrieren lassen.

Gemeint sind zwei grundsätzliche Unterschiede, die die Gesellschaft, ja die einzelnen Familien trennte, wie es im Bürgerkrieg der Fall war: Hier der städtische, fortschrittlichere, republikanisch denkende Teil der Bevölkerung, dort der ländliche, katholische, konservative Teil. Gerade auf dem Land war das Elend bis weit ins 20. Jahrhundert hinein groß. Großgrundbesitzer verweigerten eine Landreform und beschäftigten ein Heer von mittellosen Tagelöhnern, Analphabeten zumeist. Die Macht der Kirche war bis zum Tod Francos ungebrochen. Dass das alte Spanien zusammen mit dem Diktator untergegangen ist, möchte man hoffen, sicher ist es nicht.

Der Dichter Antonio Machado stand jedenfalls auf Seiten der Republikaner. In letzter Minute gelang ihm 1939 die Flucht über die Pyrenäen. Zu Fuß kam er zusammen mit seiner Mutter im französischen Grenzort Collioure an, um kurz darauf dort zu sterben, drei Tage vor seiner Mutter. Beider Grab befindet sich heute noch in Collioure und das Andenken an den Dichter ist, wie man sieht, lebendig.

86 Las Fallas
Vier Tage Feuer und Lärm

Vom 16. bis 19. März findet in Valencia ein Frühlingsfest statt, das mittlerweile fast so berühmt ist wie die *Semana Santa*, die Karwoche, auch wenn es keinen christlichen Ursprung hat.

Die *Fallas* (valencianisch *Falles*) beschäftigen praktisch alle Valencianer Bürger ein ganzes Jahr mit den Vorbereitungen und sie sind ein Touristenmagnet. Ein bisschen wirken die Umzüge mit den riesigen Pappmaschee-Figuren wie der rheinische Karneval. Seine Hauptzutaten sind jedoch, und hier kommt das typisch Spanische ins Spiel, Feuer und Lärm. Die Figuren aus Holz und Pappe, mit denen die Prominenz aus Politik, Sport und Wirtschaft veräppelt wird, werden am Ende allesamt angezündet und verbrannt.

Nachts sind die Feuerwerke schön und bunt, während es tagsüber nicht um Optik geht, sondern um die Akustik. Vor den Böller-Geschäften haben sich lange Schlangen gebildet, und gleich davor legen die 6- bis 14-jährigen Kids auch richtig los. Auf vielen Plätzen der Stadt knallt und kracht es wie verrückt. Bei den geordneten *mascletàs*, die jeden Tag um 14 Uhr am Rathausplatz gezündet werden, geht es aber nicht nur um Krach. An langen Schnüren angebrachte Knaller explodieren im Sekundentakt, und es entfaltet sich ein richtiges Musikstück, eine Sinfonie aus Krach in unterschiedlicher Tonqualität, von dumpf grollend bis peitschend, pfeifend, zischend, trommelnd usw. Hier arbeiten die Meister der Zunft mit Rhythmus und Dynamik wie echte Komponisten. Für schwache Ohren und ganz Sensible ist das nichts, denn es werden Lautstärken von über 100 Dezibel erreicht, was schon an Körperverletzung grenzt. Tatsächlich versetzt das Gewitterkonzert aus Blitz und Donner die Zuhörer fast in Trance und euphorische Begeisterung. Ein echtes Klangerlebnis.

Wenn es dunkel wird, zieht eine *Cabalgata del Fuego* (Feuerumzug) durch die Stadt, bei der es raucht und kracht. Kurz nach Mitternacht werden bei der *Cremà* die Papierfiguren verbrannt, begleitet von einem Knallfeuerwerk, die Feuerwehr ist nirgends weit. Fazit: Die *Fallas* sind ein Muss für jeden noch so kleinen Pyromanen – nur geräuschempfindlich darf er nicht sein.

87 Las Meninas
Im Prado zu Hause

Las Meninas ist eines der bekanntesten spanischen Gemälde. Es rührt uns in der Unmittelbarkeit seiner Darstellung bis heute an, auch wenn es schon sehr alt ist.

1656 malte der Hofmaler Diego Velázquez die Hoffräulein und stellte sich selbst als Maler gleich ins Bild dazu. Auch das Königspaar, die Eltern der Infantin Margarita, fand noch darauf Platz. Die sehr lebendige und realistische Darstellung nimmt den Betrachter quasi als Zeugen mit hinein ins Bild und thematisiert nebenbei den Prozess des Malens. Mit all diesen Aspekten ist das 2,76 × 3,18 Meter große Gemälde einfach nur genial. Dass die beiden Zofen, die beiden Hofzwerge und der Hund auch noch auf anrührende Weise eine längst vergangene Kinderwelt heraufbeschwören, ist die emotionale Zugabe. Las Meninas ist eines der meistdiskutierten Gemälde der Kunstgeschichte, Ausdruck eines selbstbewussten Künstlers und eine Reflexion über das Schaffen eines Kunstwerks.

Zu sehen ist es im Museo del Prado in Madrid, dem Tempel für alle, die Gemälde lieben. Eigentlich müsste man sich viele Stunden Zeit nehmen, um den Prado zu besichtigen. Allein die Zahl der Kunstwerke, die man unbedingt gesehen haben muss, ist riesig. Wer jedoch wie ich nach spätestens zwei Stunden völlig erschlagen und nicht mehr aufnahmefähig ist für weiteren Input, wie grandios er auch sein mag, dem seien die Abendöffnungen im Prado empfohlen: Montag bis Freitag 18-20 Uhr, sonn- und feiertags 17-19 Uhr ist der Eintritt frei. Nicht von den langen Warteschlangen abschrecken lassen. In einer Viertelstunde sind sie dank mehrerer Eingänge aufgelöst und man kann reinspazieren ohne anzustehen. Dann aber vorher informieren und strikt auswählen, was man unbedingt sehen möchte. Die Liste ist lang: Velázquez, Goya, Dürer, Bosch … Auf der Website des Museo del Prado gibt es eine Online-Galerie zur Einstimmung und Auswahl: www.muesodelprado.es

Museo Nacional del Prado

88 Las Palmas
Palmen

Es soll Leute geben, die eigentlich auf die Insel La Palma reisen wollen, den Flug buchen und irgendwann feststellen, dass sie nicht auf La Palma, sondern in Las Palmas auf Gran Canaria gelandet sind ...

Palma de Mallorca, Las Palmas de Gran Canaria, La Palmita, Isla de la Palma – die Palme findet sich in vielen spanischen Ortsnamen. Das liegt sicher nicht nur am großen Bestand in Spanien, sondern weil der Charakterbaum eine starke christliche Symbolik hat, man denke an den Einzug Jesus' nach Jerusalem.

Botanisch gesehen gehören die Palmen zur Familie der *Arecaceae*. Weltweit gibt es 2.500 bis 3.500 verschiedene Arten. In Europa wachsen allerdings lediglich zwei verschiedene Sorten: die *Chamaerops humilis* und die *Phoenix theoprastii*. Auf den Kanarischen Inseln wächst die Kanarische Dattelpalme, die nicht nur optisch für Freude sorgt, sondern auch als Nutzpflanze zum Einsatz kommt. Neben den Datteln wird auch das Harz des Baumstammes angezapft, als Palmhonig geerntet und zu Sirup eingekocht. Er schmeckt ähnlich wie Ahornsirup und wird zu Süßspeisen gereicht.

Die eindrucksvollste Ansammlung von Palmen findet man in der südspanischen Stadt Elche (valencianisch Elx). In einem riesigen Palmeral wachsen mehr als 11.000 Bäume, das ist die größte Palmenpflanzung Europas. Das absolute Schmuckstück dort ist die siebenstämmige *Palmera imperial* (»Kaiserliche Palme«), die nach der österreichischen Kaiserin Sisi benannt wurde. Man muss allerdings nicht bis nach Elche fahren, um auf die Palme zu gehen. Ein Spaziergang an einer Uferpromenade in einem schönen, spanischen Städtchen, eine laue Brise, die in den Palmenblättern raschelt – so fühlt sich Urlaub an.

Leche y leche
Ein Doppelmilchkaffee

»Dos leche y leche para la diez«, ruft der Kellner seinem Kollegen hinter der Theke zu, der für die Getränke zuständig ist. Mit der Zehn meint er die Tischnummer.

Da sitzen zwei Frauen und warten auf ihren *leche y leche*, eine Kaffeezubereitung aus zweierlei Milch und eine von vielen Möglichkeiten, in Spanien seinen Kaffee zu genießen.

Der Barmann stellt zwei Unterteller ab, darauf zwei hohe Gläser und kippt erst einmal eine ordentliche Schicht *leche condensada* (gesüßte Kondensmilch), meist aus der Tube, hinein. Darauf kommt dann ein *café solo* (stark gebrühter Espresso, siehe Seite 30) und zum Schluss wird diese Mischung noch mit heißer Milch aufgefüllt, fertig. Wer einen *leche y leche* bestellt, kann auf das Stück Kuchen zum Kaffee getrost verzichten, denn die Kondensmilch befriedigt die Lust auf Süßes aus-

reichend, deshalb wird er auch häufig nach einem ausgedehnten Essen anstelle eines *postre* (Nachtisch) bestellt. Manchen reicht das noch nicht, sie schütten auch noch Zucker in ihre doppelte Milch.

Freude vor dem Trinken bringt allein schon das Umrühren, sieht man doch im Glas so schön, wie sich die verschiedenen Schichten miteinander vermischen. Während des Trinkens breitet sich bei leche-y-leche-Fans das gleiche Gefühl aus, das man auch vom Schokoladeessen kennt: Glückseligkeit.

Los amantes del Retiro

Die Liebenden vom Retiro-Park

Junge Leute haben es in Spanien nicht leicht. Fast die Hälfte von ihnen findet – oft trotz guter Ausbildung – keinen Arbeitsplatz.

Und die, die Arbeit finden, müssen in der Regel Stellen weit unter ihrem Ausbildungsniveau annehmen, zu Konditionen, die einem die Schamesröte ins Gesicht treiben.

Kaum einer kommt über die *Mileurista*-Schwelle (ein Einkommen über 1.000 Euro) hinaus. Das ist auch der Grund, warum viele sich keine eigene Wohnung leisten können und stattdessen zu Hause bei den Eltern wohnen bleiben. Die wirtschaftliche Not zwingt die meisten dazu, nicht die Bequemlichkeit.

Und wenn er eine *novia* (feste Freundin) oder sie einen *novio* hat? Wohin dann, wenn man einmal zu zweit allein sein will? Zu den Eltern nach Hause? Ja, wenn die in der Arbeit sind. Und wenn nicht? Dann muss man sich was einfallen lassen. Autos, Wohnungen von Freunden, eine verreiste Tante … Ach, man hat's nicht leicht. Und bis die zündende Idee kommt, lieber noch an die frische Luft zusammen, ein Spaziergang im Parque del Buen Retiro. Wir treffen uns um drei am Kristallpalast. Du kommst doch?

91 Los chinos
Die Chinesen kommen

Sie schießen wie Pilze aus dem Boden und breiten sich in den Nebenstraßen aus, immun gegen die Wirtschaftskrise, und jeden Tag werden es mehr, während von den alteingesessenen Läden einer nach dem anderen schließt.

Die *chinos*, wie die von asiatischen Inhabern geführten Läden in Spanien etwas unpräzise genannt werden, sind überall. Sie verkaufen dieselben Produkte, die es früher, in den seligen Zeiten vor dem Euro – erinnert sich noch jemand an die Peseta? – in den »Todo a cien«-Läden gab: »Alles für 100«. Flipflops bekam man dort, Kerzen, Basttaschen für den Strand – alles für 100 Peseten, alles made in China, Korea oder Vietnam.

Den *chinos* ist es ganz egal, ob ihre Kunden mit ihnen Konversation treiben oder nicht, ob sie stundenlang in ihren Läden herumsuchen und dann mit einer Bartschere für zwei läppische Münzen hinausgehen. Sie ertragen alles mit stoischem Lächeln. Sie schließen mittags nicht, sie schließen nicht zu den Patronatsfesten der örtlichen Heiligen und auch nicht wegen Hochzeiten oder Trauerfällen. Der Laden bleibt auf jeden Fall geöffnet, egal, wer gestorben ist oder geboren wurde oder geheiratet hat.

Beim *chino* kann man auch nach 22 Uhr noch Bier und Kekse oder Äpfel und Birnen kaufen. Sie sorgen auch für das Überleben des *botellón*, der großen Alkohol-Plastikflaschen für Jugendliche und Menschen, die sich eine Kneipentour nicht leisten können, aber trotzdem trinken wollen (siehe Seite 20). Fehlte nur noch ein *chino* als Bürgermeister. Er würde auf jeden Fall auf die Abschaffung der Sperrstunden hinarbeiten. Mal sehen, wohin die Krise noch führt.

Los cumplidos
Umgang mit Komplimenten

»Oh, das ist aber eine hübsche Bluse, die du anhast.« – »Ja, nicht wahr? Ich finde sie auch ganz toll.« Tapp!

»Also die Rede, die du eben gehalten hast, war wirklich beeindruckend.« – »Danke! Ich bin auch ganz überrascht, dass es so gut gelaufen ist.« Tapp, tapp! »Du siehst gut aus mit deiner neuen Frisur.« – »Oh, danke für die Blumen!« Und ein drittes Mal hineingetappt.

Es ist nicht so, dass Spanier unempfänglich für Komplimente wären oder sich nicht darüber freuten. Aber sie würden ein Kompliment nicht einfach annehmen und sich dafür bedanken. In Spanien geht das im Fall der Bluse etwa so: »Ach, die ist doch schon ziemlich alt. Trägt man die heute überhaupt noch? Und ich weiß gar nicht, ob die Farbe mir überhaupt steht ...« – »Doch, doch, die sieht toll aus.« – »Meinst du wirklich?«

Die Devise heißt: herunterspielen, kleinmachen, bescheiden sein. Das ist wie bei Köchinnen, deren Essen man lobt, die aber immer selbst ein Haar in der Suppe finden und besorgt nachfragen, ob die Pastete nicht doch zu wenig gewürzt oder das Fleisch nicht doch eine Spur zu trocken geraten sei. Man muss beim Lob immer noch eins drauflegen und beteuern, dass man es wirklich erst meint, bis es tatsächlich geglaubt und angenommen wird. Und so geht es nicht nur den Köchinnen. Komplimente einfach so anzunehmen, gilt fast als frech und unbescheiden.

Los guiris
Touristen in Spanien

Schon 18 Jahre kommen Hans und Isolde Böhm aus Erlangen hierher. Immer auf denselben Campingplatz in Port de la Selva an der katalanischen Costa Brava.

Früher mit den Kindern, die hier schwimmen und, als sie größer waren, surfen gelernt haben. Später dann zu zweit, ohne Kinder, und seit zwei Jahren mit ihrer Labradorhündin Anka. Hans Böhm hat ein kleines Segelboot hier liegen, das im Winter in den schützenden Hafen kommt, im Sommer auf Hochglanz poliert und auf der Jungfernfahrt mit Isolde und Anka jedes Jahr neu ausgeführt wird. Sie kommen jeweils Ende August, Anfang September her, dann wird es etwas ruhiger. Und sie haben Freunde und Bekannte, die sie jedes Jahr hier treffen. Man spielt zusammen Boule, die Frauen klönen und kaufen jedes Jahr eine neue Handtasche, die Männer fachsimpeln über die Boote. Man geht zusammen zum Fischessen, kennt die Lokale, die Kellner, mitunter sogar die Köchinnen.

2011 war ein Boomjahr für den Tourismus in Spanien und für die kommenden Jahre sieht es erst mal nicht schlechter aus. Hauptreisezeiten sind die *Semana Santa* (Ostern) und die Sommermonate. 55 Millionen Touristen kamen 2011 nach Spanien, das sind noch einmal drei Millionen mehr als im Vorjahr.

Hauptreiseziele – hätten Sie es gewusst? – sind Katalonien, die Kanaren, Andalusien und erst an vierter Stelle der Deutschen liebste Baleareninseln. Briten sind die häufigsten Gäste an Spaniens Stränden, gefolgt von Deutschen, Franzosen, Niederländern und Skandinaviern. Im Moment werden verstärkt chinesische *guiris* – so der Spitzname für Touristen in Spanien – vom Marketing angesprochen, denn der chinesische Markt verfügt über schier unerschöpfliche Ressourcen. Das aktuelle Ziel sind 57 Millionen Touristen jährlich, was 12 Prozent des Bruttoinlandsproduktes ausmachen würde. Ein Hoffnungsschimmer in den düsteren Zeiten der Krise.

Los indignados
Die Empörten

»Politikverdrossenheit« ist zwar ein deutsches Wort, für das es im Spanischen keine rechte Entsprechung gibt, auf die *indignados* (die Empörten) auf der Madrider Puerta del Sol und in vielen anderen spanischen Städten trifft diese Eigenschaft auf jeden Fall genau zu.

So skandieren die Protestierenden auf dem Paseo de Recoletos in Madrid direkt und unverblümt: »*PeSOE, PePe, la misma mierda e(s)*« – PSOE (Partido Socialista Obrero Español – Sozialistische Arbeiterpartei), PP (Partido Popular – konservative Volkspartei), das ist dieselbe Sch...

Unabhängig von den gewohnten ideologischen und parteilichen Festlegungen fordern sie »*¡Democracia real ya!*« (Wahre Demokratie jetzt!) und eine Politik, die sich um die Menschen kümmert, nicht um die Karrieren der Politiker und nicht um die Rettung der Banken. Die Protestbewegung nutzt das Internet als Informations- und Organisationsplattform, und es gelingt ihr, Hunderttausende von Protestierenden in 50 spanischen Städten zu mobilisieren und das über Monate hinweg. Bei einer Arbeitslosenquote von offiziell über 20 Prozent und einer Jugendarbeitslosigkeit von über 40 Prozent kein Wunder.

Im Internet kursieren Landkarten, auf denen die Korruptionsskandale der Politiker aller Parteien eingetragen sind. Diese Aufklärung gipfelt in der Forderung »*¡No les votes!*« (Wähle sie nicht!). Deshalb lautet ein von den Demonstrierenden vorgetragenes Fazit: »*Nos falta dinero, sobran los ladrones.*« Uns fehlt das Geld, weil wir zu viele Diebe haben. Nach den Sozialisten unter Zapatero bilden seit 2011 wieder die Konservativen die Regierung. Die Proteste gehen weiter.

Besetztes Hotel Madrid in der Madrider Innenstadt

Los toros
Der Stierkampf, immer noch ein Thema

Doch, es gibt ihn noch, den archaisch anmutenden Kampf in der Arena, die billigen Sonnen- und die teureren Schattenplätze für die Zuschauer, die Livemusik, den Paso doble, der für Gänsehaut sorgt, sobald die ersten Töne erklingen, die bestickten Kostüme, die vermummten Pferde, das Raunen, das durch die Menge geht, wenn der Stier die Arena betritt.

Es gibt ihn noch, den Stierkampf, und seit Spanien wieder eine konservative Regierung hat, melden sich die *aficionados* (Anhänger) auch wieder lauter zu Wort, während es auf den Kanaren schon länger keine Stierkämpfe mehr gibt, und sie in Katalonien vor Kurzem verboten wurden. Es gibt sogar eine Fraktion, die den Stierkampf zum immateriellen Weltkulturerbe erhoben sehen möchte. Über die *corrida* kann man nicht diskutieren. Entweder man ist Anhänger oder Gegner. Was die einen für ein spanisches Kulturerbe, einen fairen Kampf, ja für eine Kunstgattung halten, ist für die anderen nur Tierquälerei und Barbarei.

Was gibt es dazu überhaupt noch zu sagen? Dass der *toro bravo*, das spanische Kampfrind, ein imposantes, wunderschönes Tier ist, seinem Urahn, dem Auerochsen, in Statur und Hornform ähnlicher als die uns bekannten Hausrindarten. 500 bis 600 Kilo Lebendgewicht bringt ein erwachsener Bulle auf die Waage. Auf seiner Weide, wo er den Großteil seines Lebens verbringt, verhält er sich sehr friedlich. Dort stößt ihm auch niemand Lanzen mit Widerhaken in den Nacken oder fuchtelt mit der *muleta*, dem roten Tuch, vor seinem Kopf herum. Der Stier kann übrigens kein Rot erkennen, er reagiert nur auf die schnellen Bewegungen, nicht auf die Farbe. Mit seinem ruhigen Leben ist es vorbei, sobald er für den Kampf ausgewählt wird. Er wird tagelang ins Dunkel gesperrt, die Hörner werden ihm abgeschliffen und dann muss er in die Arena und er wird sie, nach einem ungleichen, für ihn unverständlichen Kampf, nur noch tot verlassen. Das ist der einzige Zweck, zu dem er gezüchtet, gehegt und gepflegt und schließlich verkauft wurde.

96 Loterías del Estado
Die spanische Lotteriegesellschaft

Man müsste ein Bewohner des Städtchens Telde im Osten von Gran Canaria sein. Denn dann hätte man weitaus höhere Chancen auf einen Lottogewinn als sonst wo in Spanien.

Was das kleine katalanische Städtchen Sort (»Glück«) für die Weihnachtslotterie (siehe Seite 80), ist Telde für andere staatliche Lotterien wie die Primitiva. Allein in den letzten zwei Jahren wurden in Telde Gewinne von 13 Millionen Euro ausgeschüttet.

Die Lotería Primitiva, auch zärtlich »La Primi« genannt, von der Wortbedeutung her »die Ursprüngliche«, ist eine der beliebtesten Lotterien in Spanien. Pro Woche gibt es zwei Ziehungen, immer donnerstags und samstags. Gespielt wird 6 aus 49. Die Zusatzzahl bei der Primitiva heißt *reintegro*. Wird diese Zahl auf dem Schein gelost, wird ein Euro ausbezahlt – so viel kostet es, eine Zahl zu tippen. Ein *cupón* der Primitiva kostet demnach sechs Euro, das ist weitaus preiswerter als etwa ein Zehntellos der Weihnachtslotterie, das stolze 20 Euro kostet.

Zurück nach Telde. Dort hat im September 2011 ein Glückspilz sage und schreibe 2,56 Millionen Euro gewonnen. Und nur vier Wochen zuvor hatte eine Sozialhilfeempfängerin aus Santa Lucía de Tirajana, nur 34 Kilometer von Telde entfernt, über zwei Millionen Euro bei der Primitiva gewonnen. Das ist der Stoff, aus dem die Träume der Lottospieler gemacht sind. In Spanien wird ungeheuer viel gespielt und so ist es nicht verwunderlich, dass die Loterías y Apuestas del Estado, ein staatliches Unternehmen mit Sitz in Madrid, zu den 50 größten, nicht börsennotierten Unternehmen in Europa gehört. Neben der Lotería Nacional – mit der berühmten Weihnachtslotterie –, betreibt sie außerdem La Quiniela, La Lotería Primitiva, Bono Loto, El Gordo de la Primitiva, El Quinigol, Euro-Millions, Lototurf und Quintuple Plus. Da ist nur eines sicher: Eher geht den Spielern das Geld aus, als dem Staat die Erlöse aus der staatlichen Lotterie.

GIO DE SAN

se ha fab

miles de

LOTERÍA NAC

Décima parte del

para el sorteo de

7 de julio de 2

EL PRESIDENTE,

«ONSO»

o con

sonas

505421000

97 Manolo Blahnik
Jede Frau träumt von Manolos

Spätestens seit Sarah Jessica Parker alias Carrie Bradshaw in jeder Folge von »Sex and the City« von Manolos träumte und schwärmte, wissen auch Frauen ohne Schuhtick, was ein Paar Manolos ist, und viele wünschen sich, auch eines zu besitzen.

Nicht unbedingt, um sie zu tragen. Auf zehn und mehr Zentimetern High Heels muss man erst einmal stolzieren, geschweige denn, sich irgendwie darin bewegen können. Die Ernüchterung kommt allerdings schnell, wenn frau herausfindet, was die Dinger kosten.

Manolo Blahnik, der auf La Palma geborene Schuhdesigner, Sohn eines Tschechen und einer Spanierin, die auf der Kanareninsel eine Bananenplantage bewirtschafteten, meint allerdings, seine Schuhe seien nicht teuer. Jedes einzelne seiner Modelle werde in Italien handgefertigt. Bei bestickten Schuhen säßen seine Handwerker schon einmal eine ganze Woche an einem einzigen Paar.

Manolo Blahniks Karriere begann mit einem Paar Stilettos, die Bianca Jagger 1977 anlässlich ihrer Geburtstagsfeier im legendären Nachtclub »Studio 54« in New York trug. Heute tragen sie alle Manolos, von Madonna bis Winona Ryder. Manolo Blahnik sagt, Frauen liebten seine Schuhe, weil sie zeitlos und unabhängig von aktuellen Modetrends seien und wegen ihrer Qualität und des Tragekomforts, trotz der Höhe. Herren-Manolos gibt es übrigens auch. Sie sehen aber eher unspektakulär aus im Vergleich zu den Kreationen für die Damen.

Kayapo (2001). Sandal in strips of red waxy kid decorated with old gold rings. 105 mm half metal heel, © and Courtesy of Manolo Blahnik Int. Ltd.

98 Manten tu ciudad limpia
Halte deine Stadt sauber

Es gibt die Mülltrennung in Spanien, für manche ist sie aber immer noch ein Fremdwort. Häufig werden Müllsäcke einfach an die Straße gestellt, dabei werden Müllcontainer fast jede Nacht entleert.

Eine Sammel- und Trennleidenschaft wie bei uns wird es in Spanien wohl in absehbarer Zeit nicht geben. Es ist einfach bequemer, Gartenabfälle einfach an den Straßenrand zu legen oder mit dem normalen Hausmüll im gleichen Behälter verschwinden zu lassen, als ihn in entsprechende Behälter zu sortieren.

Wenn Sie das Mülltrennen in Spanien richtig machen wollen, dann merken Sie sich, was in welchen Container hineingehört:
- **grün:** *vidrio* (Glas), getrennt nach *transparente* (weiß), *verde* (grün), *ámbar* (braun)
- **gelb:** *envases* (Plastikflaschen, Dosen, Tetrapaks)
- **blau:** *papel* (Papier und Karton)
- **braun** oder **dunkelgrün:** *orgánico* (Grünabfälle)

Mar de plástico
Ein Meer aus Plastik

Vier Stunden steht Abdul nun schon an dieser staubigen Kreuzung und wartet wie die anderen Männer darauf, dass einer der vorbeifahrenden Jeeps anhält und ein spanischer *patrón* ihm Arbeit anbietet. Ihm und den anderen Männern aus Marokko, Tunesien, Senegal, Mali.

Die Chancen stehen schlecht für die *sinpapeles*, die Illegalen ohne Papiere. Bekommen Sie Arbeit, dann schuften sie für 30 Euro am Tag, der Hitze und den Pestiziden ausgeliefert, unter einem Himmel aus Plastik.

Vom Flugzeug sieht es wie eine riesige Wasserfläche aus. Aber hier, im heißen, trockenen Südosten Spaniens, gibt es Wasser nur unterirdisch, und der Grundwasserspiegel sinkt stetig. Almería, die östlichste Provinz Andalusiens, war arm. Heute zieht eine Lkw-Flotte mit Kennzeichen AL durch ganz Europa. Dort, in der Wüste, wo in den 1970er-Jahren Italowestern gedreht wurden, ist der Wohlstand ausgebrochen. Gemüseanbau unter Plastikplanen, mehrere Ernten im Jahr, auch im Winter, der Erntesaison mit der größten Aussicht auf Profit.

Anderthalb Millionen Tonnen Tomaten, Gurken, Zucchini, Auberginen, Paprika jährlich, alles billig, billig. Die Hälfte wird nach Europa exportiert, 70 Prozent davon nach Deutschland. Den Preis bestimmen unsere Lebensmitteldiscounter. 320 Quadratkilometer Fläche in und um die Stadt El Ejido ist unter Plastik. Man kann es sogar aus dem Weltraum sehen. Pestizide verseuchen das Grundwasser und schaden den Menschen, die dort arbeiten. Künftigen Generationen wird buchstäblich das Wasser abgegraben.

Am Abend geht Abdul nach Hause. Er schläft in der Garage eines Rohbaus oder auf der Straße. Mehr als eine Matratze besitzt er nicht. Aber wenigstens lässt die Polizei ihn in Ruhe. Und morgen kommen sie dann wieder, Abdul und die anderen.

Matamoros
Der heilige Maurentöter

Eigentlich möchte er einem fast leid tun, der Apostel Jakobus der Ältere. Denn in Spanien ist er nicht nur Nationalheiliger, er musste dort auch immer wieder als erster Soldat Christi und *matamoros* (Maurentöter) herhalten.

Für ihn spricht, dass er sich diese Rolle nicht selbst ausgesucht hat. Nur der Legende nach hat der Apostel als historische Figur spanischen Boden betreten. Es waren die Könige von Asturien, die Jakobus im 9. Jahrhundert zu ihrem Schutzheiligen machten. In der Reconquista, der Rückeroberung ihrer Länder von den arabischen Herrschern auf der Iberischen Halbinsel, soll Jakobus die christlichen Heere in die Schlacht geführt haben. Gekämpft wurde nicht nur gegen die *moros* (Mauren), sondern gegen alle politischen und weltanschaulichen Gegner.

Seit dem Spätmittelalter lautete der Schlachtruf: »¡*Santiago y cierra, España!*« – »Sankt Jakob und angreifen, Spanien!« Auch die spanischen Konquistadoren beriefen sich bei der Eroberung Amerikas auf den Apostel, ebenso die gegen die Republik putschenden Aufständischen im Spanischen Bürgerkrieg. 1937 schließlich erklärte deren Anführer und spätere Generalísimo Franco das Fest des heiligen Jakobus, den 25. Juli, zum spanischen Nationalfeiertag, eine nationalistische Instrumentalisierung des Apostels, die heute, angesichts des Rummels um die Santiago-Pilgerfahrt fast in Vergessenheit geraten ist. Der Heilige als galoppierender Ritter, mit dem Schwert die Köpfe der Ungläubigen abschlagend, das ist quasi die Kehrseite des frommen Pilgers mit Stab, Hut, Mantel und Jakobsmuschel. Auf der Abbildung sind es sogar zwei. Auf ihr trägt Santiago einen Muschel-BH.

101 Medianoche
Mitternacht

Die Mitternacht ist in Spanien keine Geisterstunde, zu der die Straßen leergefegt sind und Ruhe eingekehrt ist. Zumindest nicht in den Städten und nicht an Freitagen und Samstagen.

Denn dann herrscht um Mitternacht ein Verkehr wie bei uns zur Rushhour. Es gibt Staus, hupende Taxis, die versuchen, sich zu ihren Kunden durchzukämpfen, U-Bahn-Stationen, in denen es wie im Ameisenhaufen zugeht. Die Lokale sind brechend voll, es wird gegessen bis Mitternacht, noch eine und noch eine Runde Tapas bestellt. Kino- und Theatervorstellungen enden kurz vor oder sogar erst nach Mitternacht. Die allermeisten Lokale kennen keine Sperrstunde. Im Gegenteil. Es werden Tische und Stühle in Passagen und auf Terrassen gestellt. Im Winter noch ein paar Heizstrahler dazu, und alles ist im Lot.

Freunde, Familien – in den Wochenendnächten sind sie alle draußen, als gäbe es ein geheimes Signal, das verkündet: Heute Abend ist Ausgang, ihr müsst aber auch wirklich alle kommen. So gehört es auch zum ganz normalen Bild, dass die Kinder mit dabeisitzen um Mitternacht und auch noch danach. Von Müdigkeit keine Spur. Oft führt der letzte nächtliche oder morgendliche Gang die Familienclans und Freundescliquen noch in eine *chocolatería*, wie hier auf dem Bild in das Madrider Traditionscafé San Ginés in der gleichnamigen Passage unterhalb der Plaza Mayor. Aufgenommen wurde das Foto gegen zwei Uhr, an einem Samstagmorgen im November. Bei einer Außentemperatur von gerade mal acht Grad plus. *Medianoche* heißt ja auch halbe Nacht. Die andere Hälfte kann man schließlich immer noch verschlafen.

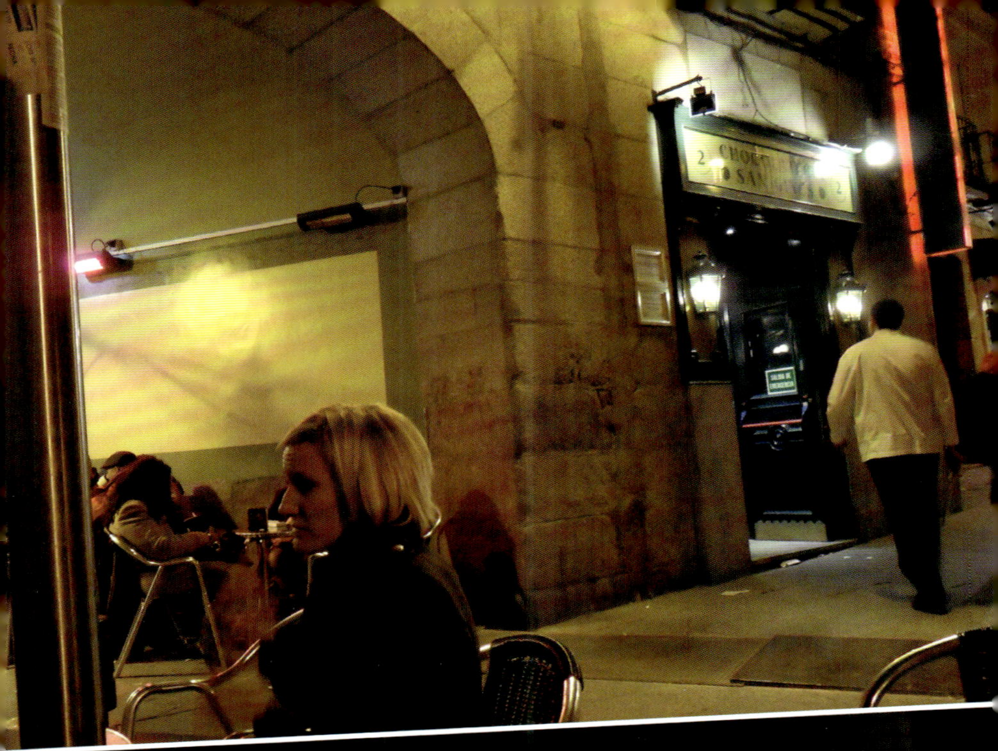

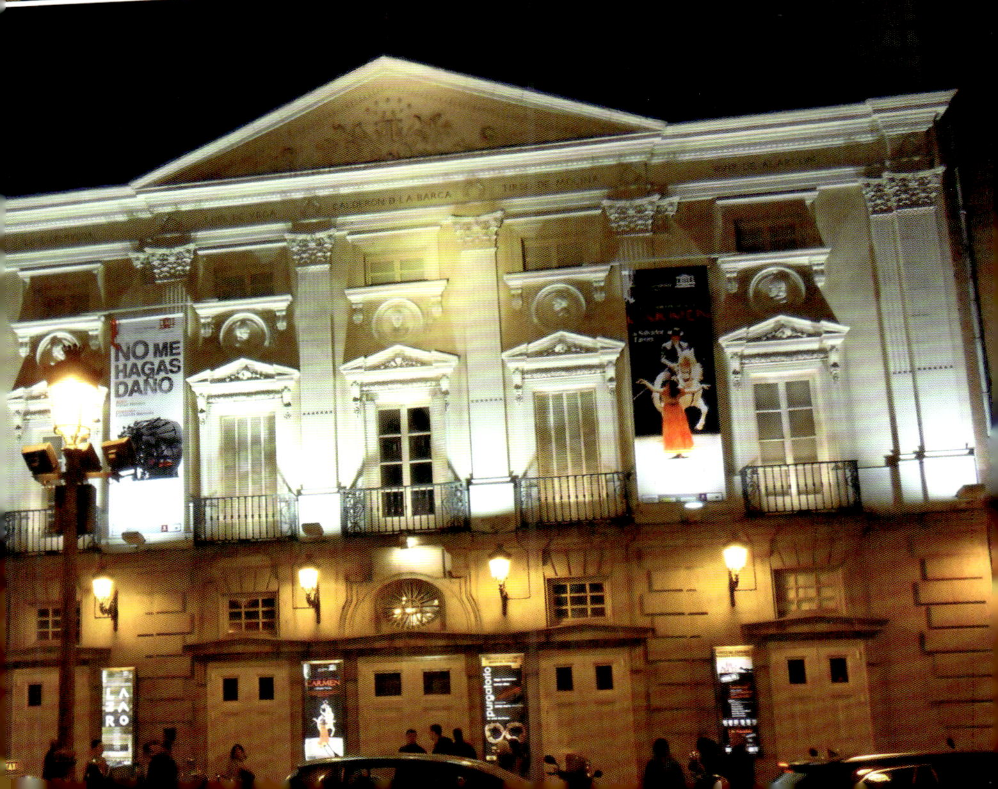

CALDERON D LA BARCA
TIRSO DE MOLINA
NO ME HAGAS DAÑO
CARMEN

102 Mercados, mercadillos
Einkaufen auf dem Markt

Auf einem spanischen *mercado* (Markt), den es praktisch in jedem Stadtviertel gibt, bekommt man nicht nur Obst und Gemüse, sondern auch Fleisch, Schinken, Wurst, Käse, Fisch, Trockenfrüchte, einfach alles, was man in der Küche braucht.

Und wenn es sich um echte Stadtteilmärkte handelt, wo die Einheimischen einkaufen, sind die Waren frisch, gut und günstig. In den herausgeputzten Markthallen, wohin es vorwiegend Touristen zieht, wo es Spezialitäten und fertige Speisen gibt, wo alles sauber, übersichtlich, leise zugeht, hat man es eher mit Gourmettempeln zu tun als mit einem authentischen *mercado*. So zum Beispiel im Madrider Mercado de San Miguel, einer Eisenkonstruktion vom Anfang des 20. Jahrhunderts, sehr schön und geschmackvoll, aber teuer und eigentlich auch ein bisschen langweilig.

Der Mercat La Boqueria, im Herzen Barcelonas an den Ramblas gelegen, ist ebenfalls ein Jugendstilbau aus Eisen und buntem Glas, aber hier werden Waren angepriesen, hier wird geschäkert, gefeilscht und gekauft. Laut geht es zu und lebendig, und ein Gang durch die Hallen ist ein Erlebnis für alle Sinne. Die Auswahl an Fisch und Meeresfrüchten ist für Landratten überwältigend, und es wird nur absoluten Spezialisten gelingen, für alle spanischen oder katalanischen Fischnamen auch eine deutsche Entsprechung zu finden. Oft gibt es gut besuchte Fischlokale auf den Märkten, die mit einer mündlich vorgetragenen Speisekarte auskommen. Je mehr Betrieb dort herrscht, desto empfehlenswerter ist das Lokal.

Mercados sind meist in überdachten Hallen und täglich bis zum frühen Nachmittag geöffnet. *Mercadillos* dagegen sind Wochenmärkte im Freien, auf denen Kleidung, Spiel- und Haushaltswaren gehandelt werden. Auch das ist interessant, um etwas Flair zu schnuppern, Leute zu beobachten und Fetzen von Verkaufsgesprächen aufzuschnappen. Das Einkaufen auf Märkten ist immer noch sehr beliebt in Spanien, auch wenn die hauptberufliche Hausfrau, die vormittags auf den Markt geht, dann ein dreigängiges Mittagessen aus frischen Zutaten zaubert und dasselbe abends noch einmal, eigentlich schon ausgestorben ist.

Mi casa es su casa
(K)eine Einladung

»Pasa por mi casa«, hat Andrés uns nachgerufen
beim Abschied – »Kommt doch mal vorbei.«
Aber wir wissen schon: Das ist nett gemeint,
aber nur eine Floskel.

Mit den auf diese Weise ausgesprochenen Einladungen
ist es in Spanien so ähnlich wie in den USA: Sie sind
eine freundliche Geste, hinter der nicht wirklich viel
steckt. Stünden wir morgen vor Andrés' Haustür, würden wir ihn wohl sehr in Verlegenheit bringen. *»Mi casa
es tu casa«* – als Lorena mir die Woche darauf das Angebot »Mein Haus ist dein Haus« macht, weiß ich schon
Bescheid und bedanken mich für die Geste, werde aber
bestimmt nicht bei ihr aufkreuzen.

Eine ernst gemeinte, private Einladung erkennt man
am konkreten Datum und der Uhrzeit sowie an einem
Motiv. Viel eher jedoch trifft man sich in der Bar an der
Ecke oder nach der Arbeit zum Aperitif, zu einem Bierchen, einer Tapa ... Die meisten Begegnungen spielen sich
in Spanien draußen, im öffentlichen Raum, auf der Straße,
in einer Bar, ab. Das Haus, die Wohnung, der private Raum
sind für die Familie reserviert und bleiben meist auch privat.

Wenn man eine private Einladung erhält, dann sollte
man in jedem Fall nicht nur Straße und Hausnummer,
sondern auch Stockwerk und Wohnungsnummer erfragen,
sonst steht man an der Haustür und erkennt den Wald vor
lauter Bäumen nicht. Denn in Spanien finden sich keine
Namen am Klingelschild, nur Abkürzungen: *»3° izda. B«*
heißt »3. Stock, links, Wohnung B«. Das muss man wissen,
sonst hilft nur ein Anruf. Und auch am Telefon meldet sich
niemand mit Namen, sondern mit einem relativ unpersön-
lichen *»¿Diga?«* oder *»¿Dígame?«* (»Hallo? Sprechen Sie!«)
oder auch nur *»¿Síí?«* (»Ja, bitte?«). Der Schutz der Privatsphäre geht so weit, dass erst der Anrufer seinen Namen
nennt, bevor der Angerufene zugibt, dass er derjenige ist, den
der Anrufer erreichen wollte. Im Falle von Versicherungsan-
geboten oder Zeitschriftenabos ist das eigentlich ganz praktisch.

104 Montaditos
Canapés

Ich weiß nicht, wie erfolgreich die amerikanischen Fast-Food-Ketten in Spanien sind. Mir scheint jedenfalls, dass die spanische Gastronomie ihnen eine Menge entgegenzusetzen hat, auch beim schnellen, preiswerten Fingerfood.

Ein Kassenschlager sind die *montaditos*. Die Bezeichnung kommt von *montar* (draufpacken). Dabei werden Minibrötchen oder auch nur Scheiben vom Baguette mit »Aufbau« bzw. Belag versehen: *jamón* (Schinken), *chorizo* und *salchicha* (Wurst), *salmón* (Lachs), *queso* (Käse), Tortilla … alles, was man auch in ein *bocadillo* (belegtes Brötchen, siehe Seite 18) packen kann und was die Gäste mögen. Sie heißen auch Canapés, und im privaten Rahmen wie in Kneipen werden sie gern als Häppchen zum Aperitif gereicht. Es gibt sie warm, wie die italienische Bruschetta, oder kalt.

Eine ganze Fast-Food-Kette (100 Montaditos) hat sich nach ihnen benannt und lockt angesichts der Wirtschaftskrise mit Kampfpreisen. Mittwochs *»todo a 1 euro«*, alle Canapés für einen Euro, ebenso die *jarra de cerveza*, der halbe Liter Bier. Man kreuzt auf der Papierspeisekarte die Bestellung für den ganzen Tisch an, gibt die Karte an der Essensausgabe ab und wird dann mit Vornamen gerufen, wenn die Bestellung abholbereit ist. Sollten Sie einen unaussprechlichen deutschen Vornamen haben, wie zum Beispiel Ottmar, Wilfried oder Dörte, dann bekommen sie eben einen neuen, Pepe zum Beispiel oder Marta, da wird nicht lang gefackelt. Sie müssen sich den neuen Namen nur merken.

Mulhacén
König der Sierra Nevada

Die Sierra Nevada, das »schneebedeckte Gebirge«, ist das Dach Andalusiens. Man sieht sie von Granada aus am Horizont und zumindest von November bis Mai macht sie ihrem Namen Ehre.

Die Sierra Nevada erstreckt sich 90 Kilometer von Ost nach West, ihre maximale Breite beträgt 30 Kilometer. Etwa 20 Gipfel sind über 3.000 Meter hoch. Bei entsprechender Wetterlage kann man sogar hinüber auf den Hohen Atlas in Marokko sehen, so nah ist Afrika. Ist der Pico Veleta mit 3.398 Metern die Wetterfahne, so packt der Mulhacén, der höchste Berg des spanischen Festlands, noch einmal drauf und erreicht eine Höhe von 3.482 Metern. Dunkles, hartes Gestein, Geröllfelder und Felsplatten, wie zusammengeschoben, Schnee oder Schneegriesel, Wind – das ist Hochgebirge, auch wenn man gerade noch unten im Tal unter Mandel-, Oliven- und Maulbeerbäumen herumspaziert ist.

Benannt ist der Mulhacén nach dem vorletzten Herrscher des maurischen Königreichs Granada, Abu-I Hasan Ali (spanisch Muley Hacén), der sich in eine Sklavin seiner Gattin verliebte und wegen ihr Granada verlassen musste. Er wünschte, auf dem Gipfel des höchsten Berges, der heute seinen Namen trägt, begraben zu werden und nach der Legende erfüllten seine Geliebte Zoraya und einige Getreue ihm diesen Wunsch.

Den Gipfel des Pico Veleta konnte man bis 1999 noch mit dem Auto erreichen, über die höchste asphaltierte Landstraße Europas. Seit die Kernzone der Sierra Nevada Nationalpark wurde, ist die A-395 noch bis zu einer Höhe von 2.500 Metern befahrbar. Ab dem Parkplatz bei Hoya de la Mora heißt es zu Fuß weitermarschieren oder aufs Mountainbike umsteigen. Die Chancen, dann einen iberischen Steinbock, Gämsen oder einen Steinadler zu sehen, stehen gar nicht so schlecht.

Links der Pico Veleta, der zweithöchste Gipfel der Sierra Nevada, rechts der Mulhacén

ONCE
Die Blindenlotterie

»Para hoooyyy, para hoooyyy«, schallt es durch die Gasse hinauf zur Plaza Mayor. Ein Verkäufer preist seine *cupones* an, Lotterie-lose, die heute noch gezogen werden.

Elena sitzt wie jeden Vormittag vor dem Eingang zur Post, die Hände in die Jackentaschen vergraben, denn es ist kalt heute Morgen. Die Lose hat sie mithilfe von Wäscheklammern am Revers ihrer Jacke befestigt. Nach der Mittagspause macht sie damit wie jeden Tag ihre Runde durch die Bars und Geschäfte des Viertels. Sie hat ihre Stammkunden, die jeden Tag auf sie warten, um ihr einen *cupón* abzukaufen.

Die Ziehungen der ONCE finden täglich, außer samstags statt. Wenn eine oder mehrere Endziffern der gezogenen Zahl mit dem Los übereinstimmen, dann wird ein Gewinn ausgezahlt. Verkauft werden die *cupones* von blinden oder sehbehinderten Verkäuferinnen und Verkäufern auf der Straße oder in kleinen Kiosken, die manchmal nicht größer sind als eine Telefonzelle. Der Losverkauf ist kein leichtes Geschäft, denn die Verkäufer werden gerade wegen ihres Handicaps immer wieder Opfer von Überfällen.

Die *Organización Nacional de Ciegos de España*, die spanische Blindenorganisation, gibt es seit 1938. Die Konzession zum Verkauf von Lotterielosen erhielt sie 1984. Sie finanziert damit Arbeitsplätze für Menschen, die in der freien Wirtschaft nicht angestellt und vom spanischen Sozialsystem auch nur ungenügend versorgt würden. 70.000 Sehbehinderte haben so ihr eigenes Einkommen. Die ONCE ist eine finanzkräftige, gemeinnützige Organisation mit großem Immobilienbesitz. Sie unterhält Ausbildungszentren, vergibt Stipendien und hilft bei der Integration in den Arbeitsmarkt. Das dazu nötige Geld kommt aus dem Losverkauf. Für viele gehört der tägliche Kauf eines Loses oder auch nur eines Zehntelloses ebenso zum Alltag wie der *café solo* (siehe Seite 30) in der Bar oder die Tageszeitung. Ob man gewonnen hat und wenn ja, wie viel, kann man auf den Gewinnlisten in den ONCE-Kiosken nachsehen. Und eines Tages kommt er, der ersehnte Ausruf: *»¡Me ha tocado la lotería!«* – »Ich habe gewonnen!« Bis dahin werden einfach weiter *cupones* gekauft.

Pa amb tomàquet
Tomatenbrot

Pa amb tomàquet **ist ein katalanisches Rezept. Auf Spanisch heißt es** *pan con tomate* **(Brot mit Tomate), etwas verballhornt auch** *pan tumaca*. **Eigentlich handelt es sich um dasselbe, was die Italiener Bruschetta nennen, eine leckere, sehr einfach zuzubereitende Vorspeise.**

Wie wird's gemacht? Man nehme eine Scheibe Weißbrot, toaste oder röste sie kurz an, reibe sie – je nach Geschmack – mit einer rohen Knoblauchzehe ein, sodann mit einer sehr reifen Tomate, also mit dem Fruchtfleisch der Tomate. Dann ein Schuss möglichst gutes Olivenöl dazu, und die Beilage zu einer *caña* (Gläschen Fassbier) ist fertig.

Es heißt, das Rezept sei von armen Leuten in Katalonien erfunden worden, während des Bürgerkriegs, als es nicht jeden Tag frisches Brot gab. Man nahm einfach das Brot vom Vortag, backte es kurz auf und bestrich es mit den Zutaten, die jeder im Haus hatte: *ajo* (Knoblauch), *tomate* (Tomate) und *aceite* (Öl).

Heute macht das jeder, weil es so gut wie jedem schmeckt. Fleischesser legen eine Scheibe Schinken darauf und nennen das Gericht *pan tumaca con jamón*. Wer es zu Hause nachmachen will und gerne mehr von den reifen Tomaten verwenden möchte als das, was am Brot beim Reiben hängenbleibt, der kann die Tomate auch schälen und würfeln und die Würfel auf dem getoasteten Brot verteilen. Knoblauch je nachdem, nur nicht am Olivenöl sparen, sonst wird das Röstbrot zu trocken.

Paella
Ein spanisches Nationalgericht

Das denken die meisten Leute jedenfalls. Doch die Paella kommt aus der Region Valencia und war bis vor nicht allzu langer Zeit noch gar kein Nationalgericht.

Auch dass in eine echte Paella Fleisch und Fisch gehören, stimmt nicht. Die *paella mixta* gibt es fast nur in den touristisch erschlossenen Orten und wird von einheimischen Kennern meist abgelehnt. Paella wird übrigens nicht mit Doppel-l gesprochen, sondern mit j: pa'eja.

Was sind die Geheimnisse einer richtig guten Paella? Geheimnis Nummer eins ist der Reis. Am besten gelingt die Paella mit *arroz bomba* (Bomba-Reis), einer Reissorte, die in Valencia und Murcia angebaut wird. Ersatzweise kann man auch Risottoreis oder Milchreis verwenden. Normaler Langkornreis ist eher nicht geeignet, da er beim Kochen zu weich und klebrig wird. Das Verhältnis Wasser zu Reis ist 2:1. Es sollte möglichst nichts nachgegossen werden, die Wassermenge sollte genau stimmen. Nach dem Wässern wird der Reis am besten gar nicht mehr umgerührt, damit er nicht verklebt. Geheimnis Nummer zwei ist der Safran, das Gewürz, das dem Reis die charakteristische gelbe Farbe verleiht (siehe Seite 10). Echter Safran ist naturgemäß teuer, es gibt aber diverse *colorantes* (Gewürzpulver-Mischungen), die meistens auf der Basis von Paprikapulver gemacht sind und die man ersatzweise verwenden kann.

Das gemeinsame Paellakochen ist in Spanien immer eine gesellige Veranstaltung. Draußen im Freien über einem Holzfeuer genauso wie am Gas- oder Elektroherd in der eigenen Küche. Wie beim Fleischgrillen, treten oft Männer als Paellaköche auf den Plan. Man steht um die *paellera* (Paellapfanne) herum, sieht beim Brutzeln zu, riecht das feine Aroma und freut sich aufs gemeinsame Essen. Wer abends im Restaurant Paella bestellt, outet sich übrigens unzweifelhaft als Tourist. Spanier essen Paella ausschließlich mittags, da sie für das traditionell späte Abendessen schwer verdaulich ist.

109 Pagar a escote
Die Rechnung teilen

Sabrina ist mit ihrer spanischen Clique beim Tapasessen. Javier meint, in diesem Lokal müsse man unbedingt den *pulpo a la gallega* (Tintenfisch auf galicische Art) probieren, der sei hier ganz ausgezeichnet.

Er bestellt zwei *raciones* (Portionen) für den ganzen Tisch, und als die Platten serviert werden, schnappt sich jeder eine Gabel und greift zu: *»¡Qué ricos!«* – *»¡Buenísimos!«* Die meisten trinken Bier. Und wer bezahlt das nun?, fragt sich Sabrina, als man beschließt aufzubrechen, um noch in der Zahara-Bar vorbeizuschauen, wo es superleckere *albóndigas* (Fleischbällchen) als Tapa gibt.

»La cuenta, por favor«, ruft Javier und bezahlt für alle. Sabrina will sich gerade für die Einladung bedanken, als die anderen ihre Geldbörsen zücken und jemand den Anteil für jeden von ihnen ausrechnet und einkassiert.

Pagar a escote – das ist die spanische Alternative zu *pagar por separado* (Getrenntbezahlen), das spanische Kellner so gar nicht mögen. Entweder man lädt ein bzw. wird eingeladen, oder man legt zusammen. In jedem Fall gibt es nur eine Rechnung und eine Person, die bezahlt. Das funktioniert ganz prima, solange kein Deutscher dabei ist, der darauf besteht, dass er weniger bezahlt, weil er nur ein Wasser getrunken und nichts gegessen habe, weil er keinen Fisch mag, und zwar grundsätzlich nicht.

Pulpo a la gallega

Papas arrugadas con mojo
Runzelkartoffeln mit Soße

Wer seinen Urlaub auf den Kanarischen Inseln verbringt, kommt an ihnen praktisch nicht vorbei: den kleinen, schrumpeligen Kartoffeln, die hier nicht *patatas*, sondern *papas arrugadas* heißen.

Richtig hübsch sind sie ja nicht, diese faltigen, von einer Salzkruste überzogenen Erdäpfel. Müssen sie auch nicht, denn ihr köstlicher Geschmack macht alles wieder wett. *Arrugado* bedeutet übrigens faltig, schrumpelig.

Die runzelige Haut entsteht bei der Zubereitung. Kleine, neue Kartoffeln werden in sehr wenig Wasser, dafür aber mit

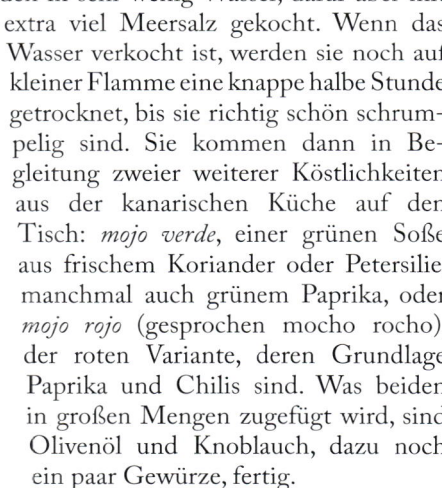

extra viel Meersalz gekocht. Wenn das Wasser verkocht ist, werden sie noch auf kleiner Flamme eine knappe halbe Stunde getrocknet, bis sie richtig schön schrumpelig sind. Sie kommen dann in Begleitung zweier weiterer Köstlichkeiten aus der kanarischen Küche auf den Tisch: *mojo verde*, einer grünen Soße aus frischem Koriander oder Petersilie, manchmal auch grünem Paprika, oder *mojo rojo* (gesprochen mocho rocho), der roten Variante, deren Grundlage Paprika und Chilis sind. Was beiden in großen Mengen zugefügt wird, sind Olivenöl und Knoblauch, dazu noch ein paar Gewürze, fertig.

Der kultivierte Spanier portioniert die Soßen mit dem beiliegenden Löffelchen und isst die *papas* mit Messer und Gabel. Alle anderen behandeln sie wie Fingerfood und dippen sie direkt in die Soßenschälchen. Egal, auf welche Art und Weise sie verspeist werden, der glückliche Esser nimmt mit ihnen ein bodenständiges Gericht zu sich, mit den besten Zutaten aus der Region.

111 Pata negra
Schwarzfuß

Natürlich ist mit *pata negra* meist der wunderbare Schinken gemeint, ein qualitativ hochwertiges, luxuriöses Geschmackserlebnis, vielleicht sogar der beste Schinken der Welt. Aber wir wollen auch die Schwarzfüße nicht vergessen, die für ihn ihre Haut zu Markte tragen.

Sie heißen so, weil sie tatsächlich schwarze Hufe, schwarze Haut und schwarze Borsten haben. Sie entstammen einer Kreuzung von Haus- und Wildschwein und leben heute noch halbwild unter Stein- und Korkeichen in den *dehesas* genannten Weideflächen in Andalusien und der Extremadura und ernähren sich zum sehr großen Teil von Kräutern und *bellotas* (Eicheln), die ihrem Fleisch einen zarten, nussigen Geschmack verleihen.

Das *cerdo ibérico* (Iberisches Schwein) ist schlanker und wendiger als seine zahmen Kollegen. Man kann sie von den schmalen Nebenstraßen im andalusischen Hinterland aus beobachten, wie sie den Boden mit dem Rüssel nach Nahrung durchpflügen und in Rudeln ihr freies Leben draußen in der Natur verbringen. Wenn man sie durch eine unbedachte Bewegung oder ein scharfes Geräusch erschreckt, spritzen sie im Schweinsgalopp davon und suchen Deckung.

Die *dehesa*, in der die Schweine und noch viele andere Tier- und Pflanzenarten leben, ist keine ursprüngliche Naturlandschaft, sondern eine vom Menschen geschaffene Weidefläche, ähnlich wie die Almen im Gebirge. Schon vor etwa 4.000 Jahren haben die Iberer, die Ureinwohner der Iberischen Halbinsel, damit begonnen, die Wälder zu roden und Weideflächen anzulegen. Die gepflanzten Eichen nährten in idealer Weise die Schweine und die Schweine wiederum hielten die Weiden von übermäßigem Bewuchs frei. Heute bieten die *dehesas* auch vielen Vögeln, wie Steinkauz, Storch oder Blauelster, Lebensraum. Vegetarier betrachten die Schweine natürlich mit anderen Augen als Fleischesser. Letzteren läuft bei ihrem Anblick vielleicht das Wasser im Mund zusammen. Sie haben Glück, denn der Weg zur nächsten Bar und einem *bocadillo* oder einer *tapa de jamón* ist nirgendwo in Spanien weit.

112 Patio
Ein schattiger Innenhof

In Spanien ist *el patio* der ganze Stolz der Hausbesitzer – der Innenhof, an allen Seiten umschlossen von Gebäudeteilen, an einer Seite ein Durchgangstor, das hinausführt in eine Gasse oder Seitenstraße.

Von dort fällt der Blick des Passanten erst auf ein filigranes, schmiedeeisernes Tor, das meist mit rankenden Blütenpflanzen, leuchtenden lila Bougainvillea, Geißblatt oder duftendem Jasmin geschmückt oder mit bunten Blumentöpfen, in denen Geranien blühen, behängt ist und dann hinein in einen schattigen Innenhof. Der Boden ist meist mit Steinfliesen belegt. Allen Patios gemeinsam ist das Stück freier Himmel über ihnen.

Ein Patio hat kein Dach und ist deshalb kein Wintergarten, sondern ein Innenhof, der den Stadtbewohnern den Garten ersetzt. Er wird gepflegt, beherbergt aber nur Zierpflanzen und dient nicht der Arbeit und Ernährung, sondern nur der Erbauung und dem Genuss. Und natürlich der Unterhaltung: Hier trifft man sich innerhalb der Familie oder der unmittelbaren Nachbarschaft zum Klönen. Hier wird zur Stunde des Aperitifs (siehe Seite 84) ein kühles Bier serviert, dazu ein Tellerchen Oliven und Mandeln. Vielleicht plätschert ein Brünnlein vor dem Lorbeerbäumchen oder unterm Rosenstrauch oder ein Vogel zwitschert im Käfig.

Córdoba ist berühmt für seine Patios, dort gibt es sogar einen Schönheitswettbewerb für Innenhöfe. Für den *Concurso de patios cordobeses* öffnen sogar viele private Patios, in die man ansonsten nie hineinkommt. Patios gibt es aber nicht nur in Andalusien, sondern fast überall in Spanien, zum Beispiel auch auf Mallorca oder auf La Palma.

Natürlich zeugen die Patios auch vom Wohlstand oder dem gesellschaftlichen Rang seiner Besitzer, auch vom grünen Daumen des Gärtners oder der Gärtnerin. Für den Gaffer, der seine Nase durch die Gitterstäbe zwängt, um einen Blick ins Innere zu erhaschen, sind die mit weniger Geld, aber umso mehr Kreativität und echter Hingabe arrangierten Patios das weitaus größere Erlebnis.

113 Perros callejeros
Straßenhunde

Glauben Sie an Wiedergeburt? Wenn ja, dann wünschen Sie sich doch, als Hund zum Beispiel in Montpellier wiedergeboren zu werden.

Dann ist Ihnen ein schönes Leben mit allen Annehmlichkeiten garantiert, denn die südfranzösische Stadt gilt als die hundefreundlichste in ganz Europa. Hunde sind dort erwünscht, in den Restaurants werden ihnen sogar spezielle Plätze zugewiesen.

Von solch paradiesischen Zuständen können die meisten spanischen Hunde nur träumen. Wenn sie sich nicht als Jagd- oder Wachhund nützlich machen oder als flauschiges Accessoire in Señoras Handtasche sitzen, dann ist es schon fast vorbei mit einem würdigen Leben. Besonders hart trifft es die streunenden Straßenhunde. Sie sorgen für einen endlosen Streit zwischen Städten und Tierschutzorganisationen. Bevor die Touristensaison losgeht, werden vor allem in Südspanien großräumige Säuberungsaktionen durchgeführt, denn dass die herrenlosen Tiere Zecken und Mücken anziehen und so vom Menschen abhalten, das zählt leider nicht als Verdienst.

Irgendwie gehört er mit ins Bild, der schlafende Hund, der sich auf der Flucht vor der Sommerhitze in eine schattige Gasse verzogen hat. Aber in vielen Städten werden die *chuchos* (Köter) nicht geduldet. Tierschutzorganisationen und Tierärzte führen mittlerweile kostenlose Kastrationen durch. Tierheime, die finanziell entsprechend ausgestattet sind, um sich um ausgesetzte Tiere zu kümmern, gibt es in Spanien so gut wie nicht. Eine hundefreundliche Lösung ist die Vermittlung der Vierbeiner ins Ausland, zum Beispiel nach Deutschland, damit sie dort ein neues und vor allem risikoärmeres Leben führen können.

114 Pili, Loli, Pati
Niedliches Spanisch

Hace solito hoy (heute scheint das Sönnchen), deshalb wähle ich eine leichte *blusita* (Blüschen) zum Anziehen. Um elf bin ich auf einen *cafecito* (Käffchen) bei Montse eingeladen.

Als sie mir die Tür öffnet, zeigt sie auf meine sommerliche Kleidung und fragt: »*¿De veranito?*« – ob das Sommerchen bei mir ausgebrochen sei. Das Sommerchen? Ich muss herzlich über diese typische Ausdrucksweise der *canarios* (Bewohner der Kanareninseln) lachen. Sie pflegen einen inflationären Gebrauch der Verkleinerungsform, die in etwas abgeschwächter Form auch auf dem spanischen Festland angewendet wird. Vor allem bei den Vornamen fällt das auf.

Ein paar Tage später im Schwimmbad. Yoli, die eigentlich Yolanda heißt, hat heute Vormittagsdienst an der Kasse und wünscht mir einen guten Morgen. Sie fragt mich nach den Kindern. »*La niña esta malita hoy*«, erzähle ich ihr, meine Tochter sei heute ein bisschen krank. »*¡Pobrecita!*«, meint Yoli darauf – »Die arme Kleine!« Am Abend treffe ich bei meinem abendlichen paseito, einem kleinen Spaziergang durch die Stadt, Javi und Popi, also Javier und Penélope. Nach einem *besito* (Küsschen) links und rechts auf die Wangen fragen sie mich, ob ich nicht noch Lust auf eine *cervecita* hätte, ein Bierchen in der nächsten Bar. Nachdem wir dort noch Pili und Pati (Pilar und Patricia) getroffen haben, verabschieden wir uns mit einem »*Hasta lueguito*« – »Tschüssi«.

Die Verkleinerungsformen machen einen Namen nicht unbedingt kürzer. Sie sind eher Kosenamen, bei denen ganz viel Sympathie mitschwingt. Schimpfen würde man wahrscheinlich eher mit Trinidad als mit Trini.

115 Pipas, pipas
Kerne, Samen, Körner

Eigentlich ist es ja eine Unart, ein bisschen wie eine Sucht. »¡No puedes parar!« steht deshalb auch als Warnung auf manchen Packungen: »Du kannst nicht mehr aufhören!«

Wir reden hier nicht über das Rauchen oder das Trinken, auch nicht über das Nägelkauen – obwohl das alles irgendwie ein bisschen damit zu tun haben könnte. Man müsste es einmal genauer psychologisch untersuchen, aber wer sollte das finanzieren, die Knabberindustrie?

Fest steht jedenfalls: Die *pipas* – Kerne, Samen, Körner – gehören zu Spanien wie die Sonne, Flamenco und das Meer. Es wird viel geknabbert, und das ist nicht immer der Gipfel an ästhetischem Vergnügen, aber eine echte spanische Leidenschaft. Am liebsten werden *pipas de girasol* (Sonnenblumenkerne) geknabbert, es gibt sie *con sal* (gesalzen) und *sin sal* (ungesalzen). Und obwohl sie auch geschält zu bekommen sind, werden fast nur welche mit Schale verkauft.

Man läuft also mit Freunden zum Beispiel auf der Strandpromenade entlang, unterhält sich, erzählt Geschichten, lacht, scherzt – greift in die Hosen- oder Jackentasche und schiebt sich genüsslich ein schwarzes Kernchen nach dem anderen in den Mund, knackt die Schale mit den Zähnen auf, pult den Samen aus der Hülle und knabbert darauf herum ohne recht zu bemerken, was man da tut. Die Schale? Die wird einfach ausgespuckt, pfft und weg. Ein kleines Laster nur, weder schädlich noch ungesund, so automatisch und selbstverständlich, dass man es glatt abstreiten würde, würde jemand behaupten, man habe eben Schalen von Sonnenblumenkernen ausgespuckt. Was, ich?

Warum die Dinger nicht ohne Schale gekauft werden? Da würde man doch viel mehr davon essen und womöglich noch dick werden. Ne, ne, lieber weiter knacken. Oder mal eine Tüte *kikos* (geröstete Maiskörner) kaufen. *¡No puedes parar!* Achtung: In manchen Gegenden (Tarragona) sollen bereits Bußgelder verhängt worden sein für das Ausspucken von *pipas*-Schalen.

116 Plaza del Potro
Der Fohlenplatz

Die Plaza del Potro ist keine spektakulär große *Plaza mayor*, sondern ein kleiner, sehr alter Platz mitten im andalusischen Córdoba.

Ein wunderschöner Stadtplatz – weißgetünchte, zweistöckige Häuser mit buntscheckigen Dachziegeln und schmiedeeisernen Balkonen, ein uraltes Straßenpflaster aus großen, glänzenden Steinen, über die jahrhundertelang Reiter und Pferdefuhrwerke zogen und sie glattpolierten. Man hört fast das Hufgetrappel und riecht die Hinterlassenschaften der Tiere und den beißenden Geruch ihres Urins auf dem Pflaster. Die Plaza del potro hat einen ganz eigenen Zauber. Die Anlage stammt aus der Renaissance und das i-Tüpfelchen ist der Brunnen aus dem Jahr 1577. Ihn ziert eine Steinkugel, auf der das namengebende Fohlen auf seinen Hinterbeinen steht, die Vorderbeine in die Luft streckt und darin das Stadtwappen hält.

Der Platz kommt schon im »Don Quijote« von Miguel de Cervantes vor, und dessen erster Teil ist 1605 erschienen. Darin ist von einer Schänke auf diesem Platz die Rede, der Posada del Potro, die immer noch unter der Adresse Plaza del Potro, número 10, zu finden ist. Nur ist sie heute zweckentfremdet und beherbergt ein kleines Kulturzentrum und diverse Ausstellungsräume anstelle von Kost- und Logiergästen. Es ranken sich einige Legenden um die Posada, zum Beispiel wird gemunkelt, sie sei zeitweise eher eine Absteige denn eine Pension gewesen. Die Anlage ist jedenfalls historisch und stilecht. Um einen zentralen Innenhof herum sind die Räumlichkeiten angelegt, in denen über Jahrhunderte Gäste beherbergt und Wein und Suppe ausgeschenkt wurden. Im rechteckigen Innenhof finden sich umlaufende Holzbalkone, eine hübsche, überdachte Veranda, die eine ideale Kulisse für eine volkstümliche Theaterinszenierung, einen Dichter- oder Sängerwettstreit bilden könnte.

117 Plaza Mayor
Der Hauptplatz

Gibt es etwas Typischeres in stolzen, spanischen Städten als ihre Plaza Mayor, den größten und schönsten Platz, rechteckig und komplett umbaut von mehrstöckigen historischen Gebäuden, im Erdgeschoss ein Arkadengang, unter den sich kleine Geschäfte, Lokale und Terrassencafés ducken?

Die größte und berühmteste ist die Madrider Plaza Mayor, ein rechteckiger Platz von 129 Metern Länge und 94 Metern Breite, ganz von viergeschossigen Gebäuden umgeben, von denen das berühmteste die *Casa de la Panadería*, das Haus der Bäckerei, ist. Insgesamt 237 Balkone kann man von der Plaza aus zählen. Neben Andenkenläden finden sich auch kleine Traditionsgeschäfte unter den Arkaden, ein Hutladen, Treffpunkte für Briefmarken- und Münzsammler. Angelegt wurde der Platz im 17. Jahrhundert. Über die Jahrhunderte erfüllte er die verschiedensten Zwecke: Er war Markt, Stierkampfarena, Fußballstadion, öffentlicher Kunstraum und im finsteren Zeitalter der Inquisition Schauplatz für die Prozesse gegen vermeintliche Ketzer, die sogenannten *autos de fe* (Autodafés). Heute findet auf ihm der bekannteste Weihnachtsmarkt ganz Spaniens statt.

Auch Salamanca hat eine schöne und berühmte Plaza Mayor, sie ist mit 82 × 80 Metern etwas kleiner und fast quadratisch. Ihr Bodenbelag aus Granit stammt aus den 1950er-Jahren. Zuvor gab es auf dem Platz eine Gartenanlage und rundherum Kopfsteinpflaster. Auch das andalusische Córdoba hat eine wunderbare rechteckige und ganz umbaute Plaza, 55 × 113 Meter groß, nur heißt sie nicht Plaza Mayor, sondern Plaza de la Corredera. Auch sie war einst Schauplatz von Stierkämpfen und mittelalterlichen Reiterspielen.

Heute laden Spaniens *plazas mayores* vor allem zum Flanieren und zum Staunen ein. Eine *caña* (kleines Fassbier) unter einem der Sonnenschirme der Terrassencafés oder ein *café con leche* (Milchkaffee, siehe Seite 27), ein *bocadillo* (belegtes Brötchen, siehe Seite 18) dazu oder ein Teller Tapas, und dann: genießen, sich in andere Zeiten denken und gern wieder zurückkommen in unsere und an den schönen Ort, an dem man gerade das Glück hat, sich zu befinden.

Plaza de la Corredera, Córdoba

¿Por qué no te callas?
Warum hältst du nicht einfach die Klappe?

Obwohl er dem venezolanischen Staatspräsidenten Hugo Chavez beim Iberoamerika-Gipfel 2007 mit seinem Ausspruch »¿Por qué no te callas?« so rüde über den Mund fuhr, erreichte König Juan Carlos I bei der Wahl der 100 bedeutendsten Spanier und Spanierinnen aller Zeiten ganz souverän Platz eins.

Der Sympathie tut es auch keinen Abbruch, vielleicht ganz im Gegenteil, wenn sich der König der für unsere Ohren unfein klingenden Umgangssprache bedient und bei einer Spargelverkostung das edle Gemüse als *cojonudos* (geil) preist, was wegen seiner Herleitung aus den *cojones* (Hoden) nicht nur vulgär klingt.

König Juan Carlos I schaffte es vor dem Dichter Miguel de Cervantes und dem Seefahrer Cristóbal Colón, der wahrscheinlich Italiener war, auf den Spitzenplatz. Platz vier belegte Königin Sofía, insgesamt neun Mitglieder der Königsfamilie landeten unter den 100 Besten. Auch der Generalísimo Franco hat es ins Ranking geschafft, was das Wahlergebnis insgesamt trübt.

Die meisten Spanier verehren ihren König als Stabilitätsfaktor und Retter der jungen spanischen Demokratie. Nach fast 40-jähriger Diktatur, politischer Isolierung und gesellschaftlicher Rückständigkeit hat er das Land maßgeblich bei der *transición* (Übergang) zu einer offenen, pluralistischen, demokratischen Gesellschaft begleitet. Nun ist das Land in eine dramatische Wirtschaftskrise gerutscht, die Immobilienblase ist geplatzt und jeder vierte Spanier ist arbeitslos. Das Königshaus wird von Korruptions- und anderen Skandalen gebeutelt, was den König dazu zwang, seine Apanagen offenzulegen.

Nicht alle Spanier stehen geschlossen hinter ihm. Katalonien wählte anders. Dort errang der Landsmann und Architekt Antoni Gaudí Platz eins. Immerhin landete der König aber auch im traditionell republikanischen Katalonien auf Platz drei. Eine Abschaffung der Monarchie ist vorerst nicht zu erwarten. Auch nicht nach dem Sturz des Königs bei der Elefantenjagd in Afrika, wobei diese Episode seinem Image eine schwere Schlagseite beschert hat und das nicht nur als Ehrenpräsident des spanischen WWF.

Prohibido depositar basura
Müll abladen verboten

Wir Deutsche gelten ja als leidenschaftliche Mülltrenner. Gelber Sack, blaue Tonne für Papier, grüne oder braune Biotonne, da schlägt das Recyclingherz höher.

Während Frau Müller damit beschäftigt ist, ihren Joghurtbecher auszuspülen, lässt sich Doña Elvira irgendwo in Spanien gerade von der freundlichen Kassiererin im Supermarkt ihren Einkauf in eine Serie von Plastiktüten verpacken. Diese landen dann, falls sie nicht vorher noch als Müllbeutel verwendet werden, sofort im Restmüll, wie die meisten Abfälle.

Mülltrennung ist noch nicht der Hit in Spanien, obwohl in den meisten Städten und Gemeinden Container für Papier, Glas und Plastik bereitstehen. Der meiste Müll wandert doch kunterbunt gemischt in den Restmüll. Pro Jahr fällt dafür auch nur eine relativ geringe Müllgebühr pro Haushalt an. Dafür kommt aber in den meisten Städten jede Nacht die Müllabfuhr. Welch ein Luxus. Müllverbrennungsanlagen gibt es auf dem Festland ausreichend, auf den Kanaren wird bei diesem Thema gelegentlich einfach ein Streichholz gezückt, um die angesammelten Berge bei Bedarf abzufackeln. »Der *barranco seco* brennt mal wieder«, so kommentieren die Bewohner von La Palma schulterzuckend die stinkenden Rauchschwaden, die ab und an aus einer Schlucht aufsteigen, der »alternativen Müllentsorgungsanlage«.

Als Sofortmaßnahmen, wenn das Müllproblem überhand nimmt, werden mitunter flugs ein paar abschreckende Videokameras an den Müllsammelstellen installiert, um einigen Müllsündern das Handwerk zu legen, die ihre ausrangierte Waschmaschine praktischerweise neben dem Glascontainer abstellen. Müllsortierweltmeister wird Spanien wahrscheinlich nie werden, aber der gute Wille ist doch immer häufiger zu beobachten.

120 Queso manchego
Von der Mancha hinaus in die Welt

Es soll ja Menschen geben, die keine Käse mögen. Keinen Schafskäse, weil der schafelt, und keinen Ziegenkäse, weil der ziegelt. Nicht mal Leberkäse.

Man kann niemanden zu seinem Glück zwingen. Manche denken, der Manchego sei ein Synonym für spanischen Käse. Dabei ist er nur einer von ganz vielen Sorten, aber einer mit Stammbaum und kontrollierter Herkunft.

Vor dem Käse steht die *oveja manchega*, das La-Mancha-Schaf, das robust und den klimatischen Bedingungen – glutheiße Sommer und (für spanische Verhältnisse) eiskalte Winter – angepasst ist. Nur aus seiner Milch darf der Käse mit der Bezeichnung Manchego gemacht werden. Charakteristisch für den Manchego ist seine bräunliche Rinde mit dem typischen Muster. Es rührt von den Espartogräsern und Binsen her, aus denen früher die Körbe geflochten wurden, in denen der Käse reifte. Heute wird das Muster, das auf der glatten Fläche oben und unten auch »Blume« genannt wird, lediglich aus nostalgischen Gründen aufgedruckt. Der Käse selbst ist dicht und ziemlich fettig, sein Geschmack intensiv, ein bisschen herb und leicht salzig. Die Bezeichnung *industrial* sagt übrigens nur, dass der Manchego aus pasteurisierter Milch hergestellt ist. *Artesanal* heißt er, wenn er aus Rohmilch gemacht wurde. Es gibt ihn als *semicurado* (mittelalt), wenn er mindestens zwei Monate Reifezeit hinter sich hat. Ein *curado* ist zwischen vier und neun Monaten gereift.

Echter Manchego mit geschützter Herkunftsbezeichnung *(D.O. – Denominación de Origen)* ist nicht billig. Man bekommt ihn auch bei uns im Lebensmittel- und Feinkosthandel. Er passt als Aperitif oder auch als Tapa, wozu er in Spanien in mundgerechte Dreiecke geschnitten und auf dem Teller im Kreis, mit den Spitzen nach innen angerichtet wird. Dazu passt hervorragend ein zwei Jahre gereifter Crianza-Rotwein. Man kann den Manchego aber auch zum Nachtisch servieren, zum Beispiel mit honigtriefenden Walnüssen als *manchego con miel y nueces*.

121 Refranes
Kluge Sprüche

»Ein Sprichwort ist ein kurzer Satz, der sich auf lange Erfahrung gründet.« Diese Definition stammt von Miguel de Cervantes und besser kann man es wahrscheinlich nicht ausdrücken.

Sprichwörter sind ja eine Domäne von Müttern und Großmüttern, auch von Großvätern, jedenfalls von älteren Leuten. Heutzutage kommen sie irgendwie aus der Mode oder werden durch andere Zitate und Referenzen, aus der Werbung zum Beispiel, überlagert. In Spanien haben sich die »Volksweisheiten« relativ gut gehalten, vielleicht, weil sie dort nicht nur mündlich, sondern auf Kacheln, Wandtellern usw. auch schriftlich überliefert werden. Darunter ist natürlich viel Schrott, der auf Teufel komm raus witzig sein will, aber es sind auch ein paar Perlen darunter, zum Beispiel das abgebildete Fundstück aus Andalusien: »Bedenke, Schwiegermutter, dass du auch mal Schwiegertochter warst«.

Jeder hat ja so seine Favoriten. Einer meiner Lieblingssprüche ist eigentlich eine Drohung und ziemlich drastisch. Er geht so: »*A cada cerdo le llega su San Martín.*« – Für jedes Schwein kommt einmal der Martinstag. Das ist der Tag, an dem bei uns die Gänse dran glauben müssen, in Spanien die Schweine. Will heißen: Jeden Missetäter erreicht eines Tages seine Strafe. Oder dieses etwas optimistischere: »*No hay mal que por bien no venga.*« – Alles Schlechte hat irgendwo auch seine gute Seite. Man muss sie nur finden. Oder, noch ein schönes: »*Más sabe el diablo por viejo que por diablo.*« – Der Teufel weiß mehr, weil er alt (und klug und erfahren) ist, und nicht, weil er der Teufel ist.

Acuérdate
uegra de
ue fuiste
nuera.

estoy
madurando.
disculpen las molestias.

»Ich bin heranwachsend. Entschuldigen
Sie die Unannehmlichkeiten.«

122 Los Reyes Magos
Die Heiligen Drei Könige

Gestatten: Gaspar, Melchor, Baltasar. Wir sind die drei Weisen aus dem Morgenland. Und in Spanien stehen wir nicht stumm um den Stall von Bethlehem herum, sondern wir sind wichtig, uns lieben die Kinder, auf uns warten und hoffen sie.

Und damit wir dem *Niño Jesús* (Jesuskind) nicht die Schau stehlen am Tag seiner Geburt, dem Fest der Liebe und der Familie, kommen wir erst zwei Wochen später, am Vorabend des 6. Januar, nach Spanien.

Wir kommen in Schiffen übers Meer gefahren, denn der Landweg aus dem Orient ist doch sehr beschwerlich. Wir sind prächtig gekleidet, tragen farbige Umhänge, unser Haar und unsere Bärte sind lang, so wie es eben zu unserer Zeit üblich war. Wir tragen Kronen und unser Kollege, der Mohr, einen Turban. Unsere Pagen kümmern sich um die schwer beladenen Kamele. Denn wir sind es, die den spanischen Kindern die Geschenke bringen, die sie sich so sehr gewünscht haben.

Mit der Königspost sind die Briefe der Kinder in unserem Postamt angekommen und wurden alle, alle gelesen. Und da wir alles wissen, überblicken wir auch, wer wirklich brav war und wer ein bisschen gemogelt hat. Weil wir gute Könige sind, drücken wir aber auch bei den Moglern ein Auge zu. Erst streuen wir nur Bonbons aus, aber wenn die Kinder nach Hause gehen, sind unsere Päckchen ausgeliefert und die Freude ist groß. Die allerwenigsten finden ein Stück Kohle vor anstelle eines Geschenks. Ein Hinweis der Eltern, dass diese Kinder den Geduldsfaden ihrer Erziehungsberechtigten überdehnt haben. Nach einem Reuebekenntnis und dem ehrlichen Geloben von Besserung wird die Kohle aber meist doch noch ersetzt durch etwas Bunteres, Größeres, Rechteckiges mit Schleife.

Santa Claus? Papá Noel? Wer soll das bitte sein?

Roscón de Reyes
Der Königskranz

Ich bin groß, rund und habe in der Mitte ein Loch. Mein Geschmack ist eher schlicht, aber mein Äußeres ist sehr hübsch. Kandierte Früchte in Grün und Rot zieren meine Oberfläche und manchmal gibt es am Tellerrand um mich herum noch kleine Marzipantörtchen.

Ich würde ja sagen, das ist unnötig, denn eigentlich geht es doch um mich, den *Roscón de Reyes*, der am 6. Januar auf jedem Tisch in Spanien steht. Hausfrauen oder -männer, die auf sich halten, machen mich nach ererbtem Rezept natürlich selbst. Die Eiligen oder Ungeschickten kaufen mich im Supermarkt (igitt!) oder in der Konditorei – na ja, da gibt es solche und solche.

Und alle sind ganz aufgeregt, wenn ich angeschnitten werde, denn ich berge eine Überraschung – naja, eher ein offenes Geheimnis. In meinen Teig wurde eine kleine weiße Figur eingebacken, bei uns heißt sie *faba*, also »Bohne«. Sie war früher aus Porzellan (aufpassen auf die Zähnchen!), heute ist sie aus Plastik. Wer in seinem Stück *roscón* auf sie beißt, wird König und bekommt eine Krone aufgesetzt. Er hat Glück für das ganze kommende Jahr, und das fängt schon mal gut an: Er muss mich, den Kranzkuchen, für alle anwesenden Gäste bezahlen. Aber ich bitte Sie: Was wiegen schon die Kosten für einen Hefekranz mit kandierten Orangen und Kirschen gegen 365 Tage Glück?

124 Servicio a domicilio
Homeservice

Wovon deutsche Hausmänner und Hausfrauen vielleicht auch schon geträumt haben, in Spanien ist es schon lange Wirklichkeit. Die Rede ist hier nicht vom Pizzaservice, auch nicht von Essen *para llevar* (zum Mitnehmen), sondern vom Großeinkauf im Supermarkt.

Den kann man sich in Spanien nämlich in den meisten großen Supermarkt- und Kaufhausketten auch nach Hause liefern lassen. Für eine Gebühr um die 5 Euro, ab einer bestimmten Einkaufssumme sogar gratis. Auch eine Online-Bestellung und Lieferung frei Haus ist möglich und wird auch genutzt.

Der große Wocheneinkauf in den spanischen *hipermercados* (großer Supermarkt) ist oft ein richtiges Familienereignis. Spanische Hausfrauen oder -männer haben auch viel mehr einzukaufen als deutsche, hat man den Eindruck. Das mag damit zusammenhängen, dass bei uns in der Regel nur mittags warm gegessen wird. In Spanien dagegen wird bekanntlich nur am Frühstück gespart. Mittags gibt es mindestens zwei Gerichte (Vor- und Hauptspeise) und abends ebenso. Das ist zum einen mehr Aufwand, zum anderen womöglich tatsächlich auch mehr Masse.

Unnötig zu erwähnen, dass es in den deutschen Supermarktketten mit vier Buchstaben, die in Spanien wie Pilze aus dem Boden schießen, keinen *servicio a domicilio* gibt. Immerhin kann man dort jetzt auch schon mit Karte bezahlen. Was die spanischen Kunden am *súper alemán* neben der unschönen Innenausstattung aber am meisten stört, ist, dass man dort – genau wie bei uns – für die Plastiktüten bezahlen muss. Und das in einem Land, wo man drei gekaufte Artikel gern in vier Plastiktüten verpackt bekommt.

125 Servilletero
Der Serviettenspender

Servietten gehören in Spanien unbedingt auf jeden Tisch und jeden Tresen. Ein Café, eine Bar, eine *barra* (Theke) ohne *servilletas* ist in Spanien undenkbar.

Sie kommen aus einer Spenderbox. Traditionell ist das ein stabiler Metallkasten mit gutem Standvermögen und prall gefüllt mit Papierservietten, die sich mit einer gefalteten Seite zum Herausziehen anbieten. Weiß sind sie, aus dünnem Papier und oft mit Aufdruck des Lokals, das sie seinen Gästen zur Verfügung stellt.

Eigentlich denkt man, diese Boxen müssten ewig halten und von Generation zu Generation weitervererbt werden. Aber nein, überall wird gespart, am Papier, am Platz, am Material. Und so gibt es heute auch hässliche Boxen aus Plastik und außerdem solche aus Karton. Die sind klein, rutschig, leicht und billig. Und das Dumme daran ist, dass man dafür zwei Hände braucht: eine zum Festhalten der Box, eine zum Herausziehen der noch dünneren und kleineren Serviette. Und die Serviette selbst ist geschrumpft zu einem einzigen Blatt, ungefaltet. Wie schlechtes Klopapier. Aber Jammern hat auch keinen Sinn. Irgendwann gibt es sie bestimmt wieder, die guten alten Dinge. Auch den stabilen *servilletero*.

126 Siesta
Die Wahrheit über einen Mythos

Ramón Gómez arbeitet bei einer Bank in Sevilla. Er fängt um neun Uhr an und arbeitet acht Stunden täglich. Abends kommt er nicht vor halb acht Uhr aus dem Büro. Warum? Weil er zweieinhalb Stunden Mittagspause hat.

Die Siesta wurde früher im Rest Europas ganz gern als Indiz für den spanischen Müßiggang und einen Hang zum Dolcefarniente gewertet. In den Zeiten ohne Klimaanlagen war sie in den heißen Regionen Spaniens allerdings ein Mittel, die Produktivität zu erhalten. Andere Quellen sagen, die Siesta stamme aus den 1930er-Jahren, als die meisten Spanier sich mit zwei Jobs über Wasser halten mussten, einem am Vormittag, den anderen am Nachmittag. Dazwischen musste gegessen und der Ort gewechselt werden.

Ramón ist seine lange Siesta vor allem lästig. Eine Stunde würde doch genügen, um eine Kleinigkeit zu essen. Dafür käme er abends früher nach Hause, sagt er.

Eine Arbeitszeit von 9-17 Uhr ist immer noch nicht die Regel im heutigen Spanien. Obwohl Behörden und Verwaltungen schon vor Jahren eine Schließung ihrer Büros um 18 Uhr beschlossen. Bei Banken, Energiekonzernen und in vielen Unternehmen sind zwei Stunden Mittagspause immer noch üblich. Das heißt, wenn ein deutscher Banker um ein Uhr oder halb zwei aus der Kantine zurück an seinen Schreibtisch kommt, muss er sich beeilen, wenn er Ramón Gómez oder seine Kollegen in Spanien telefonisch erreichen will. Er hat Glück, wenn er's noch vor 14 Uhr schafft, denn danach tauchen die spanischen Kollegen erst mal ab – zwei, zweieinhalb, drei Stunden sind sie weg. Und wenn sie zurückkommen vom Mittagessen hat ihr deutscher Kollege schon fast Feierabend. Und im Falle von Gleitzeit ist er sowieso schon weg.

HORARIO

DE LUNES A VIERNES:

MAÑANA: 9:30/13:00
TARDE: 17:00/20:00

SABADOS: 10:00/13:30

Siete de la suerte
Die Glückssieben

Freitags ist Stadttag. Behördengänge, Bank, alles, was so anfällt. Nur eine Sache darf nicht fehlen: ein kurzer Stopp bei meinem Lieblingslosstand an der Ecke der Avenida del Puente.

»*Hola cariño, como estamos hoy?*« – »Hallo, Schätzchen, wie geht's uns heute?« Meine Losverkäuferin ist wie immer nett und bester Laune.

»*Muy bien, gracias! Dame cuatro siete de la suerte, por favor!*« – »Danke, gut! Geben Sie mir bitte vier Lose der Glückssieben.« Sie reißt vier Rubbellose vom Block ab. »*¡Suerte!*« Sie wünscht mir Glück, wie jedes Mal.

Ich suche in meiner Jackentasche nach einer Münze und los geht's. Fünf Zahlen gilt es abzurubbeln. Ist eine Sieben dabei, darf man zusätzlich das Kästchen mit dem Gewinn rubbeln. Bis zu 3.000 Euro kann man gewinnen, wäre ja toll, so ganz nebenbei. Es sind aber dann doch immer nur 50 Cent oder ein Euro. Aber immerhin bekommt man so seinen Einsatz wieder oder man tauscht ihn, so wie ich, gleich wieder gegen neue Lose ein. Heute habe ich ganze zwei Euro gewonnen, also gleich wieder neue Lose gekauft. Neues Spiel, neues Glück. Aber der Gewinn fällt auch bei den nächsten Losen wieder nur sehr klein aus.

»*Oye*«, frage ich die Señora, »hast du es eigentlich über die Jahre je erlebt, dass einer deiner Kunden die 3.000 Euro gewonnen hat? Mein Höchstgewinn waren bisher zehn Euro.«

»*Síí*«, behauptet sie. »Ich hatte mal jemanden, der die 3.000 gewonnen hat.«

Mit Statistiken muss man mir nicht kommen. Ein echter Rubbelfan blendet einfach aus, dass jede Serie der *Siete de la suerte* aus 10 Millionen Coupons besteht, von denen nur jeweils zwanzig 3.000 Euro gewinnen und nur 300 (von 10 Millionen!) 100 Euro, alle anderen nur Minibeträge unter 10 Euro. Denn grau ist alle Statistik und wir glauben lieber an die eine, die große Chance. »*Pues, hasta la proxima semana.*« – »Bis nächste Woche dann! *Adiós.*«

Tarta de Santiago
Galicischer Mandelkuchen

Die Tarta de Santiago ist zunächst einmal keine Torte, sondern ein Kuchen. Warum er nach Santiago, dem Heiligen Jakobus *(Sanctus Jacobus, Sant Iaco)*, benannt ist, ist unbekannt. Der Kuchen kommt aus Galicien, ist aber mittlerweile überall in Spanien beliebt und erhältlich.

Es gibt wie immer verschiedenste Rezepte. Allen gemeinsam sind die Hauptbestandteile des Kuchens: Mandeln, Zucker und Eier. Mehl kommt allenfalls im Kuchenboden vor, wenn man überhaupt einen zubereitet. Mein persönliches Lieblingsrezept ist mit Boden und es geht so:

Einen Mürbteig aus 200 g Mehl, 100 Butter, 1 Ei, 50 g Zucker und 1 EL Milch zubereiten, 30 Minuten kaltstellen. Für die Füllung 4 Eigelb mit 50 g Zucker schaumig schlagen, 2-3 EL Cream Sherry (auch als Jerez Pedro Jiménez bekannt) dazugeben, außerdem 150 g geschälte, geriebene Mandeln, die feingeriebene Schale einer unbehandelten Zitrone und eine Messerspitze Zimt. Die geschlagenen 4 Eiweiße unterheben, 30 Minuten bei ca. 200 Grad backen.

Und dann, ganz wichtig: Ein Jakobskreuz aus Papier (Vorlagen findet man im Internet) ausschneiden und auf den Kuchen legen, den Kuchen mit Puderzucker bestäuben und die Papierform vorsichtig abheben. Nur so wird es eine echte Tarta de Santiago. Konditoren verwenden eine Metallform mit Griff für die Dekoration.

Am besten schmeckt der Kuchen noch warm. Manchmal werden vor dem Zuckern Löcher in die Oberfläche gepiekst und diese mit Brandy, Likör oder Süßwein gefüllt. Oder es wird ein wenig Likör auf einen Kuchenteller gegossen und das Stück Tarta, das darauf gelegt wird, saugt den Alkohol auf wie ein Schwamm. Diese beiden Varianten sind natürlich besonders lecker.

¡Taxi, por favor!
Taxi!

Meistens sind sie leuchtend weiß und haben einen farbigen Balken, der schräg über die Vordertüren geht. In Madrid ist der Balken rot, in Sevilla gelb. In Barcelona, wo ja öfter mal eine Extrawurst gebraten wird, sind die Taxis zweifarbig schwarz-gelb.

Allen gemeinsam ist, dass ein grüner Leuchtschriftkasten auf dem Dach anzeigt, wenn das Gefährt *libre*, also frei ist. 16.000 Taxis kurven allein durch Madrid, eines zu erwischen, ist also meist kein Problem.

Taxifahren ist in der Regel preiswert, nur eines gilt es zu beachten: Der Fahrgast steigt immer hinten ein. Der vordere Raum im Fahrzeug ist sozusagen die Privatsphäre des *taxistas* (Taxifahrers) und der Beifahrersitz für Fahrgäste im Grunde tabu. Wenn Sie sich nicht daran halten, verursachen Sie nachhaltiges Unbehagen beim Fahrer. Und auch wenn Sie gehört oder gelesen haben, dass in Spanien schnell geduzt wird, duzen Sie nie den *taxista*, das würde als arrogant und herablassend betrachtet. Er freut sich natürlich über ein Trinkgeld. Runden Sie dazu einfach den Rechnungsbetrag ein wenig auf, bis zum nächsten vollen Betrag. Und sollten Sie einmal mit dem Preis nicht einverstanden sein, dann verlangen Sie die *hoja de reclamaciones*, das Beschwerdeblatt (siehe Seite 133). Das muss jeder Taxifahrer in Spanien mitführen. Oft reicht es schon, wenn Sie das Blatt anfordern, und mögliche Differenzen lösen sich in Luft auf.

Tetilla
Tetilla-Käse

Es gibt vielleicht bessere und teurere Käsesorten, aber nur einen mit dieser außergewöhnlichen weiblichen Form. Der galicische Queso oder Queixo Tetilla ist, wie der Name *tetilla* (kleiner Busen) sagt, wie eine Brust geformt, auch die Spitze fehlt nicht. Er wird aus Kuhmilch gemacht und muss nur wenige Monate reifen.

Seine Konsistenz ist halbfest, die Farbe hellgelb. Er ist ein Produkt mit geschützter Herkunftsbezeichnung *(D.O. – Denominación de Origen)*. Die Körbchengröße A wiegt etwa ein halbes Kilo, Größe C bis anderthalb Kilo. Zusammen mit *membrillo* (Quittenpaste) wird der Tetilla-Käse zur galicischen Nachspeisenkönigin: *queixo con membrillo*.

Der Legende nach soll die Königin von Saba für die charakteristische Form des Käses verantwortlich sein. Sie ist im Portal der Kathedrale von Santiago de Compostela abgebildet. Einem der Bischöfe war die Abbildung der Königin aufgrund ihrer großen Brüste zu aufreizend und er befahl dem Steinmetz, einen Teil davon abzutragen. Daraufhin erhoben sich Proteste in der Bevölkerung, bis ein Käseproduzent die Idee mit den *tetillas* hatte. Von da an war das Volk wieder versöhnt, der Busenstreit beendet. Heißt es.

131 Todo al suelo
Alles auf den Boden

Serviettenspender stehen in Spanien auf jedem Tisch, an jeder Theke (siehe Seite 234). Das ist praktisch. Die Frage ist nur: Wohin mit den Papierservietten nach der Benutzung?

Sitze ich am Tisch, ist das nicht problematisch. Die Serviette landet auf dem Teller und wird vom Kellner abgeräumt. Aber an der Theke? Im Stehen? Wo es immer sehr eng zugeht und einer am anderen fast schon klebt, verklumpt zu einer Traube von Stehendessern und -trinkern, wie es die Spanier am liebsten haben? Wohin mit der Serviette, wenn oft nicht einmal Platz ist, das Bierglas abzustellen, so voll ist der Tresen mit *cañas* (Bier), Tapas und *pinchos* (Spießchen).

Darüber macht man sich am besten keinen Kopf. Die *servilleta* geht den Weg alles Irdischen und folgt der Schwerkraft, runter auf den Boden. Vielleicht steht dort zufällig ein Mülleimer und man erwischt ihn. Wenn nicht, macht es auch nichts. Wir wollen ja nicht vom Boden essen. Die *barra* (Theke) selbst versuchen die Schankkellner eigentlich immer sauber zu halten. Und um auf den Boden zu sehen, steht ihnen der Tresen im Weg.

Heute, wo das Rauchverbot auch in Spaniens Kneipen eingezogen ist, ist das Müllproblem sowieso eher harmlos geworden. Vor 2011 kamen die Zigarettenkippen ebenfalls einfach auf den Boden. Denn, Sie ahnen es, auf dem Tresen war meistens kein Platz für den Aschenbecher, und wenn er da stand, dann war er längst nicht für jeden Raucher erreichbar. Diese Zeiten sind vorbei. Heute kann man den Boden unter der Theke fast schon als sauber bezeichnen, also relativ gesehen. Und die Bars, in denen der Boden an der Theke so aussieht wie auf dem Foto, sind bestimmt nicht die schlechtesten. Die hohe Besucherfrequenz lässt auf Qualität der Speisen und zivile Preise schließen.

132 Torcedor de puros
Die Kunst des Zigarrenrollens

Spanier rauchen immer noch gern und viel, auch wenn das Rauchen in Lokalen und öffentlichen Gebäuden inzwischen genauso verboten ist wie bei uns.

Aber während in Deutschland immer mehr Leute die Finger von den Glimmstängeln lassen, wird in Spanien fröhlich weiter gequalmt, so hat man jedenfalls den Eindruck.

Ein guter *puro* (Zigarre) wird ebenfalls immer noch sehr geschätzt. Immerhin war es Christoph Kolumbus, der als erster Europäer die Zigarre auf Kuba kennen- und lieben lernte und die Tabakpflanze nach Europa exportierte. So wurde die Zigarrenherstellung ein wichtiger Industriezweig, und insbesondere Spanien stellte große Mengen davon her.

Auch heute noch wird auf dem spanischen Festland Tabak angebaut, mehr noch auf den Kanaren. *Puros* werden traditionell per Hand gedreht, und etwa drei Dutzend *torcedores* (Zigarrendreher) gibt auf den Inseln heute noch. Die Qualität der kanarischen Zigarre wurde nicht nur vom spanischen König geschätzt, sie gilt als Geheimtipp unter allen Zigarrenliebhabern. König Juan Carlos hat allerdings kürzlich von seinen Ärzten ein Rauchverbot erteilt bekommen.

Puros kann man auf den Kanaren an jeder Straßenecke erwerben, in Bars, Souvenirläden oder Tabakgeschäften oder aber auch direkt beim Hersteller in dessen Werkstatt. In der Regel hat der *torcedor* auch nichts dagegen, wenn man ihm ein wenig bei seiner meditativen Arbeit zusehen möchte.

Der Handel mit den *puros* ist immer noch lukrativ, sind sie doch ein beliebtes Mitbringsel aus dem Urlaub, und zumindest in Spanien erfreut sich das gemeinsame Paffen einer Zigarre, speziell nach einem mehrgängigen Essen, immer noch einer sehr großen Beliebtheit.

Tortilla para picar
Tortilla zum Naschen

Neulich auf einer kleinen privaten Fiesta. Die Gastgeberin begrüßt mich überschwänglich mit dem typischen Küsschen links, Küsschen rechts, und wir unterhalten uns nett über dies und das, ein belangloses Pläuschchen.

Dann ist es Zeit, den Weg zum Büfett einzuschlagen. Einige Bretter sind auf Böcke gelegt und aneinandergereiht worden, weißes Papier als Tischdeckenersatz und das Ganze bestückt mit den typischen beliebten Häppchen. Mein Blick streift über die Köstlichkeiten und bleibt auf einem bestimmten Pappteller hängen, dem mit der *tortilla española*. Rund und sattgelb liegt sie da, bereits in mundgerechte Häppchen geschnitten, von denen jedes mit einem Zahnstocher versehen ist, *para picar*, zum Naschen, zum Knabbern, zum Probieren und Genießen.

Schon ist das erste Stück in meinem Mund verschwunden, mmm, *¡que rico!* Köstlich!

»La hicistes tu?«, frage ich die Gastgeberin, die gerade vorbeischwirrt. Ist die selbst gemacht?

»Sí, por supuesto«, na klar, antwortet sie nicht ohne Stolz. Den darf sie haben, denn jeder, der schon einmal eine eingeschweißte Tortilla aus dem Supermarkt oder gar die fettfreie Variante der *tortilla francesa*, der französischen Omelett-Variante ohne Kartoffeln, aus der Mikrowelle kommend, verzehren musste, weiß ein selbstgemachtes spanisches Omelett zu schätzen.

Während mir Montse (Kurzform von Montserrat) bereitwillig über die Zubereitung dieses Prachtstücks Auskunft gibt, schiele ich nervös auf den Teller. Wenn ich noch einmal in den Genuss kommen möchte, muss ich mich sputen, denn es sind nur mehr wenige Häppchen übrig. Sie gehen weg wie warme Semmeln oder *tortilla para picar!*

Die Urform der *tortilla española* oder *tortilla de patatas* enthält Kartoffeln, Eier, Olivenöl, Salz und Zwiebeln, sonst nichts. Sie wird sowohl kalt als auch warm gegessen.

¿Tú o usted?
Du oder Sie?

Für Englischsprechende, die Deutsch lernen, ist die Sache mit dem Du oder Sie ja ein Buch mit sieben Siegeln. In Deutschland arbeiten Kollegen am selben Arbeitsplatz und sprechen sich auch nach 20 Jahren noch mit Sie an? Das ist unvorstellbar, für Briten genauso wie für Spanier.

Die haben zwar ein *tú* (du) und ein *usted* (Sie), sogar ein *ustedes* (Sie, Plural), aber die Verwendung ist nicht unbedingt vergleichbar und das Du ist ganz eindeutig auf dem Vormarsch. Es gibt Sprachforscher, die meinen, das spanische *tú* könnte ähnlich dem englischen *you* das *usted* einmal ganz verdrängen. Das wäre eigentlich schade, denn *usted* kommt von *vuestra Merced*, was »euer Ehren« bedeutet, und so angesprochen, fühlt man sich doch gleich ein bisschen wichtiger.

Geduzt zu werden ist in Deutschland nicht jedermanns Sache. Daher schluckt man als Deutsche schon manchmal, wenn zehn oder zwanzig Jahre jüngere Leute einen in Spanien ganz selbstverständlich duzen. Am größten ist der Kontrast, wenn man zuerst in Frankreich war. Dort wird man in jedem Laden mit einem mit spitzem Mund geflöteten »*Bonjour, Madame! Au-revoir, Madame, bonne journée!*« begrüßt und verabschiedet. Kaum ist man über die Grenze gehüpft und betritt den ersten Laden, kann es sein dass einen der Verkäufer mit »*Hola, ¿qué quieres?*« (»Hallo, was willst du?«) geradezu anraunzt. Da blieb mir aber wirklich die Spucke weg, als ich das vor Jahren genau so erlebte, während ich in einer Tankstelle Eis für meine Kinder kaufen wollte.

Oder wie würden Sie reagieren, wenn Sie in Spanien zum Arzt gehen und er sie selbstverständlich duzt? Dabei ist es nicht unhöflich gemeint, eher im Gegenteil. Es soll vertraulich klingen, persönlich, ja, fast freundschaftlich. Es ist also nett gemeint. Und wie verhält man sich selbst am besten? Nicht zu forsch auf jeden Fall. Erst einmal abwarten und unbekannte Personen besser mit *usted* ansprechen. Geht das Gegenüber dann zum Du über, einfach mitgehen. Und noch ein Tipp: An Kellner, Busfahrer, Taxifahrer, Rezeptionisten und anderes Servicepersonal wenden Sie sich immer mit *usted*, nie mit *tú*.

Turrón
Mandelnougat

In Frankreich heißt er *nougat*, in Italien *torrone*, in Spanien *turrón*. Er ist an Weihnachten so unentbehrlich wie bei uns die Plätzchen oder der Christbaum.

Es gibt ihn in den Kategorien *duro* (hart) und *blando* (weich). Der harte, nach seiner Herkunft auch *turrón de Alicante* genannt, ist wirklich hart und manche Leute fürchten sich ein bisschen vor ihm. An Weihnachten zum Zahnarzt zu müssen, ist ja auch kein Vergnügen. Manch einer bevorzugt also lieber den weichen, den *turrón de Jijona* – auch Xixona geschrieben. Er ist dunkler, cremiger und weniger zahngefährdend. Gemacht sind beide aus Mandeln, Eiweiß und Zucker bzw. Honig. Und auch wenn die Familie gar nicht so verrückt nach dieser Süßigkeit ist, er darf auf der Weihnachtstafel nicht fehlen. Kann sein, dass sich seine Reste dann bis zur *Semana Santa* (Ostern) halten.

Die meisten Spanier schwören auf eine bestimmte Marke, meist die, die sie als Kinder schon genascht haben. Der Turrón Suchard (gesprochen Sutschard) gehört auch dazu, obwohl er eher eine Tafel Schokolade mit Puffreis ist und von Mandeln höchstens geträumt hat. Es gibt den *turrón* traditionell in Tafel- oder Tortenform. Harter *turrón* und alle Sorten mit ganzen Mandeln haben oben und unten eine Oblatenschicht, die den Inhalt zusammen- und die Finger sauber hält. Wie *turrón* gemacht wird, kann man in Jijona im »*Museo del Turrón*« sehen. Und man kann sich im Museumsshop durch alle Sorten futtern. Dazu muss man heute nicht mal mehr nach Jijona. In der *tienda online* (Online-Shop) geht's auch von zu Hause aus. Aber frühestens in der Adventszeit, im restlichen Jahr schmeckt er einfach nicht so richtig.

TURRON DE ALICANTE   28,00 €/Kg.   CLASE

Un besito
Ein Küsschen

Wenn Sie den Film »Volver« des spanischen Regisseurs Pedro Almodóvar gesehen haben, erinnern Sie sich bestimmt an die vielen laut schmatzenden Begrüßungsküsschen, die es im Film immer wieder zu sehen und zu hören gibt.

Auch wenn der Film das vielleicht ein bisschen übertreibt, Küsschen links und Küsschen rechts ist ein tägliches und häufiges Ritual der Spanier. Innerhalb der Familie oder unter Freunden darf es ruhig ein lauter Schmatzer direkt auf die Wange sein, bei Personen, die einem nicht so nahe stehen, wird der Kuss lediglich in die Luft gehaucht. Diese herzliche Geste wird immer praktiziert, wenn Frauen sich begegnen oder Frauen Männer begrüßen. Unter den *chicos* oder Señores werden Hände geschüttelt und dazu klopft man sich kumpelhaft auf die Schulter.

El beso (Kuss) hat einen hohen Stellenwert in Spanien und Lateinamerika, es gibt kaum ein Lied, in dem er nicht voller Inbrunst besungen wird. Wahrscheinlich ist er zusammen mit *el amor* (Liebe) und *el corazón* (Herz) das häufigste Wort in Liedtexten. So ein Küsschen zur Begrüßung drückt ja auch mehr aus als Worte oder ein neutraler, Distanz schaffender Händedruck. So interpretieren zumindest viele Spanier das gegenseitige Schütteln der Hände: *serio y seco* (ernst und trocken). Dann doch lieber ein herzhafter *beso* bzw. die üblichen zwei *besitos* – *mua, mua* (schmatz, schmatz).

Un fino, por favor
Ein Gläschen Sherry

Über den Sherry (spanisch *jerez*) könnte man Bücher schreiben. Schon die Herstellung ist eine Kunst und in Andalusien eine Kulturtradition mit hohem Ansehen (siehe Seite 112).

Hier geht es um die Frage: Wann trinkt man ihn? Antwort: idealerweise als Aperitif. Probieren Sie einen hellen, trockenen Fino, der am besten von Oliven, Salat oder Fisch begleitet wird, oder einen Manzanilla – das heißt wörtlich »Kamillentee« und spielt auf seine charakteristische Farbe an –, der auch zu Meeresfrüchten passt.

Das Geheimnis des Fino wie des Manzanilla ist seine Blume, *la flor*, eine natürliche Hefeschicht, die sich aufgrund der klimatischen Bedingungen noch im Fass auf diesen Weinen bildet und sie gegen den Luftsauerstoff abdichtet. Ein Amontillado hat seine *flor* abgebaut, der Kontakt mit der Luft macht ihn aromatisch und gibt ihm seine kräftige Bernsteinfarbe. Ein trockener Amontillado passt zu luftgetrocknetem Jamón Serrano, Pata Negra oder Jabugo, ebenso zu Nüssen, Mandeln oder Pinienkernen. Halbtrocken wird aus einem Amontillado ein Dessertwein. Das gilt auch für den Oloroso (wörtlich der »Duftende«), den es als *seco* und *semiseco* gibt. Der Pedro Ximénez ist eine Rebsorte, deren Trauben einen besonders hohen Zuckergehalt haben. Je nach Alter kann er auch dickflüssig und sirupartig sein. Er eignet sich daher eher als Dessertwein.

Trockener Sherry sollte auf jeden Fall sehr kühl getrunken werden und möglichst im traditionellen Catavino-Glas, das sich tulpenförmig nach oben hin verjüngt. Und zuletzt noch ein weiser Rat, den der gleichnamige Ururenkel des Firmengründers George Sandeman, einer britisch-portugiesischen Sherry-Dynastie, den Lesern des Manager Magazins mitgab: »Getrunken wird nur zum Essen und mit ähnlicher Zurückhaltung, mit der ich auch Speisen verzehre.«

Una barra de pan
Eine Stange Brot

Ein kleiner, weißer Kastenwagen fährt laut hupend durch die engen Gassen von Santa Cruz und kommt vor einem kleinen Eckhaus zum Stehen. Davor wartet schon eine Gruppe älterer Señoras aus der Nachbarschaft, andere kommen mit Hauspantoffeln an den Füßen und ein paar Münzen in der Hand angeschlurft.

Der Brotmann von der Panadería Joros macht wie jeden Tag seine Runde und verkauft direkt aus seinem Lieferwagen frische *medias barras*, das klassische Stangenweißbrot der Spanier, das wie ein kleineres Baguette aussieht. Wenn die Hausfrauen ihre Tagesration eingekauft haben, düst er weiter zur nächsten Station. Zwischendrin hängt er bestellte Ware in weißen Plastiktüten an die Türklinken oder Oleanderzweige vor den Häusern. Diese Art von Brotbeschaffung findet man allerdings eher in den ländlichen Regionen Spaniens. Kleine Bäckereien sterben in den Städten aus, die *supermercados* (Supermärkte) locken die Kundschaft mit günstigeren Preisen.

Brot gehört in Spanien zum Essen wie das Salz in die Suppe, eine Mahlzeit ohne ist eigentlich nicht vorstellbar. In den Restaurants wird stets ein Körbchen mit Brotscheiben gereicht, manchmal wird auch ein Stück Portionsbutter dazu serviert. Allerdings dient das eher langweilig schmeckende Brot lediglich zum Auftunken von Soßen. Dass man sich vor dem eigentlichen Hauptgang schon mit Brot satt isst, das ist in Spanien nicht üblich. Auch die Auswahl an Brotsorten ist eher bescheiden: Eigentlich gibt es nur die *media barra* oder die *barra*, die wie ein französisches Baguette aussieht. Beides gibt es als etwas gesündere Variante als *barra integral*, was Vollkorn bedeutet und mit etwas Kleie gebacken wird. Wer den etwas kräftigeren Geschmack mag, greift zum *pan gallego* mit Roggenmehl. »Exotischere« Brotsorten wie *pan labrador* (Bauernbrot) oder *panecillo bretzel* landen dann aber eher im Einkaufswagen der Touristen. Zu einer *sopa de garbanzos* (Kichererbsensuppe) oder zum *carne en salsa* (Fleisch in Soße) passt sie dann doch nicht so gut, die Brezel.

Una boda
Eine spanische Hochzeit

»¡Vivan los novios!« – »Es lebe das Brautpaar!«, jubeln die Menschen auf der Straße dem frischvermählten Pärchen zu, das gerade aus dem Standesamt tritt.

Die beiden wollten sich »nur« *por lo civil* (standesamtlich) trauen lassen, das sei lockerer, meinen sie. Die meisten Paare in Spanien heiraten aber nach wie vor kirchlich, und da die Spanier Familienmenschen sind, kann so eine Hochzeitsgesellschaft mit Freunden durchaus 200 bis 300 Gäste zählen. Da ist es höchstens beim Sprechen des Jaworts still in der Kirche.

Bei einer *boda* wird nicht auf den Euro geschaut. Hochzeitsausstatter haben jede Menge zu tun, um mit der vorsorglich auf Diät gesetzten Braut das passende Kleid auszuwählen, das kann sich schon mal über Monate hinziehen.

Vor der Trauung gibt es die *despedida de solteros* (Junggesellenabschied). Der Bräutigam wird an seinem letzten Abend in Freiheit von Freunden und Kollegen durch Stripbars und Diskotheken geschleift. Die Braut zieht mit ihren *amigas* (Freundinnen) derweil durch die Bars und Kneipen und lässt sich feiern. Zur Trauung am nächsten Tag können die beiden ausgeschlafen erscheinen, denn die Hochzeiten finden meist am späten Nachmittag statt.

Haben sie sich dann das Jawort gegeben, wirft die Braut ihren Brautstrauß in die Damenrunde. Und wer von den Junggesellen das Strumpfband der Braut auffängt, ist als nächster mit Heiraten dran. Während die Hochzeitsfotos geschossen werden, vertreiben sich die Gäste bei Kaffee oder Sekt die Zeit. Gefeiert wird in einem Restaurant oder Hotel, mit üppigem Büffet oder Menü, danach wird getanzt bis in die Morgenstunden. Finanziert wird das Ganze durch Geldgeschenke der Verwandtschaft und des Freundeskreises.

Übrigens hält eine spanische Ehe im Durchschnitt 13,8 Jahre, im europäischen Vergleich ist das ziemlich lang. Allerdings kommen auch in Spanien auf zehn Eheschließungen acht Scheidungen. Na dann: *¡Mucha suerte!* – Viel Glück!

Una multa
Ein Strafzettel

Wer in Spanien den ultimativen Nervenkitzel und Kick sucht, stellt sein Auto am besten in einer *zona de carga y descarga*, einer Be- und Entladezone für Lieferanten, oder in einer Kurzparkzone ab und bleibt dort etwas länger als erlaubt stehen.

Dann beginnt der Wettlauf gegen die Herren und Damen der *Guardia Civil* oder der *Policía local*, die auf ihrem Streifzug durch die Innenstädte nach Parksündern Ausschau halten, um diese erbarmungslos aufzuschreiben.

Wer Glück hat, wird nicht erwischt, steigt erleichtert wieder in sein Auto und braust davon. Ein echter Pechvogel allerdings sieht schon aus einiger Entfernung einen rosa Zettel an der Windschutzscheibe flattern, eingeklemmt am Scheibenwischer. Ist es die erste *multa*, kann das Herz schon einmal einen Schlag aussetzen beim Blick auf die Höhe der Geldstrafe. Der Wiederholungstäter weiß bereits, dass er nun tief in die Tasche greifen muss. Mindestens 80 Euro kostet es in Spanien, länger als erlaubt in einer Kurzparkzone zu stehen. 200 Euro, wenn man sich vor einen Hauseingang oder auf den Bürgersteig stellt, und es geht noch viel weiter nach oben, denn Spanien ist das Land mit den höchsten Bußgeldern in ganz Europa.

Zum Glück gibt es ein Nachsehen mit dem sowieso schon abgebrannten Volk. Jeder, der innerhalb von 20 Tagen seine Schulden beim Schatzamt der Gemeinde, der *tesorería municipal*, begleicht, bekommt einen *descuento*, einen Rabatt von bis zu 50 Prozent. Lieber den Spatz in der Hand, als die Taube auf dem Dach ist hier das Motto. Trotzdem schmerzen sie, die 40, 60 oder auch 100 Euro, die man jetzt ärmer ist, und so steuert man das nächste Mal lieber gleich das Parkhaus an oder läuft eben ein Stück zu Fuß. Hauptsache, keine *multa* mehr. Es sei denn, man braucht diesen Nervenkitzel.

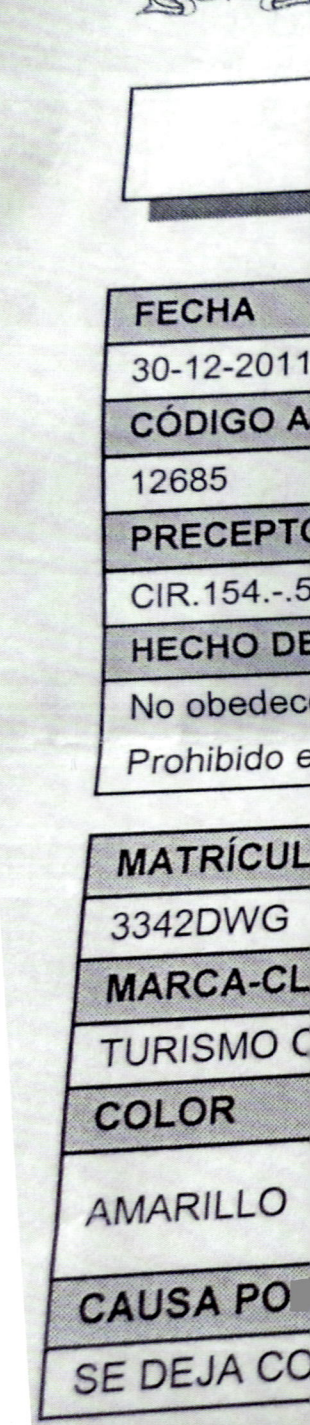

FECHA

30-12-2011

CÓDIGO A

12685

PRECEPTO

CIR.154.-.5

HECHO DE

No obedec

Prohibido e

MATRÍCUL

3342DWG

MARCA-CL

TURISMO C

COLOR

AMARILLO

CAUSA PO

SE DEJA CO

A U N T A

ICIO DE EXPEDIENTE SANCIO

	HORA	IMPORTE
	11:44	80
E	LUGAR DE LA INFRACCIÓN	
	AVDA MARITIMA 52	

CIADO

señal de prohibición o restricción.

nar excepto carga y descarga.

	CONDUCTOR-PROPIETARIO
	LUX KIRSTEN
	DOMICILIO
CORSA 1.4	LUGAR VELHOCO 42 A
	DNI
	X7175675C

UE NO SE NOTIFICÓ EN EL ACTO AL CONDUCTOR

N EL PARABRISAS

de la denuncia que antecede y se da inicio al e

141 Una piñata
Es regnet Süßes

Die Geburtstagsfeier des kleinen Alejandro ist auf ihrem Höhepunkt angelangt. Die Geburtstagstorte ist verzehrt, das »Cumple-años feliz« (Happy Birthday) gesungen. Fehlt nur noch die Piñata, eine bunte, prall gefüllte Figur aus Pappmaschee.

Alejandros Papa hat sie mit einer Schnur an der Zimmerdecke aufgehängt. Dort schwebt sie verheißungsvoll über den Köpfen der Kinder. Wie beim Topfschlagen werden den Kleinen nun die Augen verbunden und jeder darf abwechselnd mit einem Holzstock auf die Piñata einschlagen, so lange, bis sie schließlich zerplatzt und ihr Inhalt sich über die kreischende Kinderschar entleert. Alejandro war flink und hat ein beachtliches Häufchen Lollis, Bonbons und kleinem Plastikspielzeug aufgesammelt. Der kleine Carlos weint herzzerreißend, denn er hat gar nichts abbekommen. Zum Glück zeigt sein *primo* (Cousin) Fernando Mitleid und teilt seine Beute mit ihm.

Die Piñata stammt ursprünglich aus Lateinamerika. Früher wurden Tontöpfe mit Krepppapier umwickelt und für Kindergeburtstage mit Süßigkeiten, für andere Feste mit Früchten und Nüssen gefüllt. Eine Fiesta ohne Piñata ist eigentlich keine. Traditionell ist sie kugelförmig mit sieben kegelförmigen Spitzen daran, welche die sieben Todsünden symbolisieren sollen. Die herausfallenden Früchte stehen für den Segen und der Stock für eine Waffe im Kampf gegen das Böse. Das ist aber ziemlich out. Heute lieben Kinder in Lateinamerika wie in Spanien Piñatas, die aussehen wie Spiderman und anderen Kinderzimmerhelden. Die Hauptsache aber sind *muchos chuches*, Schleckereien in rauen Mengen.

142 Uvas de la suerte
Zwölf Glückstrauben

»Wir treffen uns morgen um 23 Uhr an der Puerta del Sol, *¿vale?*« Wie bitte? Morgen ist der 30. Dezember, Marta hat sich im Datum geirrt. Nein, morgen, werde ich aufgeklärt, ist *falsa Nochevieja* (falsches Silvester).

Man trifft sich schon mal an der Puerta del Sol im Zentrum Madrids zur Generalprobe für die richtige *Nochevieja*. Mit Sekt, Konfetti und Luftschlangen. Gerne auch mit neonfarbenen Perücken oder Lamettahaar. Das Wichtigste aber sind die *uvas*. Zwölf Trauben als Glücksbringer braucht jeder Spanier und jede Spanierin an Silvester. Sobald die Turmuhr des alten Postgebäudes auf der Puerta del Sol anfängt, die Mitternacht zu schlagen, greifen alle zu ihren Trauben. Mit jedem Glockenschlag muss eine Traube gegessen werden. Dafür gibt es in Dosen verpackte Weintrauben: Genau zwölf Stück liegen geschält und ohne Kerne darin. Das Döschen kostet stolze 2,50 Euro, aber das sollte man investieren, denn jede Verzögerung im Traubenessen kann zu unglücklichen Ereignissen im neuen Jahr führen.

Vor einigen Jahren wurde die Turmuhr von einem Schweizer Uhrmacher restauriert, der nichts wusste von den spanischen Silvesterbräuchen. Danach schlugen die Glocken einen Tick schneller und die Spanier konnten die Trauben nicht mehr im gewohnten Takt schlucken. Proteste und wütende Leserbriefe waren die Folge. Der Uhrmacher musste noch einmal nachbessern, und heute hat alles wieder seine Richtigkeit.

143

Vegetal
Rein pflanzlich ...

Vegetarier aufgepasst! Nicht alles, was in Spanien als *vegetal* (pflanzlich) verkauft wird, ist es auch. Welches seltsame Verständnis von Vegetariertum dahintersteckt, weiß ich bis heute nicht.

Meine Tochter sagt immer, sie esse nichts, was Augen hat. Thunfische sind auch in Spanien nicht augenlos, sie finden sich aber gern in vegetarischen Gerichten wieder. Ein als *bocadillo vegetal* angebotenes vegetarisches Brötchen enthält in den allermeisten Fällen typischerweise: *lechuga* (Salat), *tomate*, *mayonesa* und *atún* (Thunfisch).

Auch in Jorges Küchen-Blog findet sich ein Rezept für ein *montadito vegetal*, ein vegetarisches Canapé. Und was taucht in der Zutatenliste für die gerösteten Brotscheiben auf? Tomaten, Essiggurken, Oliven, Kapern und Sardellenfilets. Also, ¡ojo! (Augen auf!), wenn Sie VegetarierIn sind.

In Spanien werden Sie es nicht leicht haben, denn zu einem *primer plato* (Hauptgang) gehört so gut wie immer entweder Fleisch oder Fisch. Es gibt schon Salate und Gemüse, aber das sind in der Regel Beilagen und keine Hauptgerichte. Mehlspeisen sind unbekannt. Was bleibt?

Tapas, denn hier gibt es auch eine Auswahl für Vegetarier. Allen voran die *tortilla de patatas*, die garantiert nichts mit Augen enthält, die *ensaladilla rusa*, ein Kartoffelsalat mit Erbsen und Mayonnaise, *pan con tomate*, getoastetes Weißbrot mit Tomate, Käse in allen Sorten oder die kanarischen *papas arrugadas*, Runzelkartoffeln mit Soße (siehe Seite 205). Oder Sie gehen zum Chinesen.

MONTADITOS ɔoɔ CEREALE

56 VEGETAL: Lechuga, atún, tomate natu
y mayonesa **NUEVO**

57 Lacón con salmorejo

58 Gambas con crema de queso

59 Gambas con tomate natural* y le

60 Anchoas con tomate natural*

61 Pollo asado con salmorejo

MONTADITOS ɔoɔ

Ven a mi cumple
144
Komm doch zu meinem Geburtstag

»*Ven a mi cumple, nos divertiremos mucho*«, steht auf der Karte, die ich der Schultasche meiner Tochter entnehme: »Komm auf meine Geburtstagfeier, wir werden viel Spaß zusammen haben.« Schon wieder!

Wenn Papa oder Mama die Schultaschen ihrer geliebten Sprösslinge auspacken, taucht neben Brotdose und Trinkflasche nicht selten eine Einladung zur nächsten Geburtstagsfeier eines Mitschülers auf. Nicht selten ist dabei untertrieben. Wer zwei schulpflichtige Kinder hat, wird fast schon jede Woche irgendwohin eingeladen. In Spanien feiert man nicht zu Hause, sondern in speziellen Hallen oder Gemeindesälen, und dementsprechend sind auch alle Klassenkameraden eingeladen.

Die Kinder haben auf jeden Fall Spaß. Meist gibt es dort nämlich eine Hüpfburg, Trampoline, die Kinder werden geschminkt oder es wird ein Zauberer engagiert zum Bespaßen der Kleinen. Und wenn der große kleine Hunger kommt, gibt es *perros calientes* (Hotdogs) oder *algodón de azúcar* (Zuckerwatte).

Die Eltern nutzen die Zeit für ein Pläuschchen oder trinken eine *copita*, ein Gläschen. Nur wenige liefern ihre Kinder ab und gehen wieder. Die meisten bleiben. Irgendwann ist es dann Zeit für die Geburtstagstorte, eine pappsüße, bunt verzierte Spezialanfertigung aus der Konditorei, da wird nicht gegeizt. Man singt zusammen das »Cumpleaños feliz« (Happy Birthday) und das erschöpfte aber glückliche Geburtstagskind pustet die Kerzen aus. Danach wird noch die Piñata aufgehängt, eine mit Süßigkeiten gefüllte Figur aus Pappe, die das Geburtstagskind mit einem Stock aufschlagen muss, damit es Bonbons & Co. regnet (siehe Seite 262). Für solcherart Events muss man schon etwas tiefer in die Tasche greifen. Zwischen 200 und 250 Euro kostet so eine Feierlichkeit. Aber was soll's? Man lebt schließlich nur einmal: »*Solo se vive una vez.*«

Vendedores ambulantes
Das Heer der fliegenden Händler

Mein Cousin Amadou und ich waren im Sommer auf Mallorca. Wir haben Gürtel, Sonnenbrillen, Uhren, Armketten, Hüte verkauft. Wir haben uns die Sachen umgehängt und sind damit durch die Strandlokale und die Cafés an der Strandpromenade gezogen und haben die Touristen genervt.

Einige waren am Anfang noch nett, haben was anprobiert und sogar etwas gekauft, aber als wir das fünfte, sechste, siebte Mal vorbeikamen und ihnen den Arm voller Uhren hinstreckten – *very good, very cheap* – haben auch sie nur noch die Nase gerümpft oder gleich so getan, als seien wir gar nicht da. Dann lagen eines Tages diese Aufkleber auf den Tischen. Darauf war ein Farbiger zu sehen, ein Senegalese wie wir, und er war mit einem dicken roten Kreuz durchgestrichen. Schwarze Männer sind hier nicht erwünscht, war die Botschaft. Eine Zeitung hat sogar darüber berichtet und die Aufkleber rassistisch genannt.

Wir sind dann weg aus Mallorca und haben jetzt unseren ambulanten Handel in Madrid. Meist stehen wir im Parque del Buen Retiro, am See, wo die Touristen und Verliebten sich Ruderboote ausleihen oder drüben, an der Puerta del Sol, in der Calle del Carmen. Wir verkaufen CDs und DVDs. Unsere Waren liegen auf einem Leintuch am Boden. Einer von uns passt auf die Ware auf, einer steht Schmiere. Und wenn die *policía local* anrückt, ziehen wir das Bettlaken an Schnüren zusammen zu einem Sack, und die Ware ist verpackt. Amadou hat das bei den Kollegen gesehen und es nachgemacht. Ich hänge mir den Sack über die Schulter und trolle mich, weiter hinein in den Park.

Amadou treffe ich später am Fuente del Ángel Caído (Brunnen des gefallenen Engels). Dort fahren die Mädchen mit ihren Freunden Rollerblades und Vicente macht uns ein *bocadillo* (belegtes Brötchen, siehe Seite 18) in seinem Kiosk. Vicente hat ein Herz für uns. Wenn ich mal Geld habe, gehe ich zurück in mein Land. Aber vorher lade ich eines der Mädchen auf eine Coca-Cola ein, und vielleicht macht sie mit mir eine Bootsfahrt über den See.

Verde
Grün

146

Wie kann eine Farbe etwas Typisches sein? Und wieso gerade Grün? Das könnten die meisten Spanier wahrscheinlich auf Anhieb beantworten – oder sie hätten zumindest eine spontane Assoziation.

Ich wüsste nicht, ob wir im Deutschen so etwas wie ein »Nationalgedicht« haben, eines, das wir alle kennen oder zumindest viele von uns. Viele Spanier jedenfalls kennen dieses. Es beginnt so:

Verde que te quiero verde.	Grün, ich möchte dich grün.
Verde viento. Verdes ramas.	Grüner Wind. Grüne Zweige.
El barco sobre la mar	Das Schiff auf dem Meer
y el caballo en la montaña.	und das Pferd in den Bergen.

Das Gedicht geht noch lange so weiter, es heißt *»Romance sonámbulo«* (Nachtwandlerische Romanze) und wurde 1928 vom andalusischen Dichter Federico García Lorca (1898-1936) geschrieben. Das Wort *verde* kommt genau 24 mal darin vor.

Natürlich wurde viel interpretiert und spekuliert über die Bedeutung, die der Dichter der Farbe Grün hier gibt. Von Erotik war die Rede und von vielen anderen Dingen. Der *poeta* selbst sagte: »Niemand weiß, was vorgeht, selbst ich nicht, denn das dichterische Geheimnis ist auch Geheimnis für den Dichter, der es weitergibt.« Das Gedicht ist so oft vorgetragen, so oft vertont und gesungen worden, dass es Eingang in die spanische Seele gefunden hat. Von dort ist es wahrscheinlich auch gekommen.

Nicht dieses Gedicht, aber seine gesellschaftskritische Haltung und seine Homosexualität kosteten den Dichter das Leben. Eine Milizgruppe der Falange, unter der Führung eines Guardia-Civil-Kommandanten ermordete den Dichter im August 1936 und verscharrte seine Leiche. Baltazar Garzón, der bekannte spanische Richter, ordnete 2008 eine Exhumierung von 19 Massengräbern an, die Gebeine des Dichters aber wurden bis heute nicht gefunden.

147 Vieira
Die Jakobsmuschel

Die Jakobsmuschel ist seit dem Mittelalter *das* Symbol des Camino de Santiago. Sie ist auf jedem Wegweiser abgebildet und ein Erkennungszeichen, das die Pilger stolz an Hut oder Gürtel tragen.

Früher gingen die Pilger von Santiago noch einmal 60 Kilometer weiter nach Westen, ans Kap Finisterre (siehe Seite 122), und sammelten die Muscheln selbst vom Strand. Die Pilger benutzten sie fortan zum Wasserschöpfen. Die Muschel verhalf ihnen in ihrer Heimat zu Ehre und Ansehen, manche nahmen sie sogar mit ins Grab. Heute kauft man sie einfach.

Die handtellergroße Jakobsmuschel gehört zu den Kamm-Muscheln und ist ein richtiges Wunderwerk. Weil sie sich schwimmend fortbewegt, ist ihr Muskelstrang stärker ausgebildet als bei der Auster, was sie bei Gourmets besonders beliebt macht. Ihr weißes Fleisch schmeckt nussig, der orange Rogen gilt als besondere Delikatesse. Sie wird auf Märkten und in Restaurants entweder roh geschlürft oder fein überbacken und in der Schale serviert. Jeder Koch, jede Region hat ihre speziellen Rezepte.

Die *vieiras* sind ein fangfrisches Exportprodukt Galiciens, sie werden aber auch im nördlichen Atlantik gefangen. Aus Chile kommen Jakobsmuscheln aus Aquakulturen nach Europa. Vor allem in Frankreich ist die Coquille Saint-Jacques gefragt. Da der Bestand der Muschel gefährdet ist, dürfen sie nur von Oktober bis Mai gefangen werden.

Virgen extra
Kalt gepresstes Olivenöl

Es waren Phönizier und Griechen, die den Olivenbaum auf die Iberische Halbinsel brachten. Der Namen *aceite* für das Öl stammt von den Arabern.

Spanien ist heute weltweit der größte Hersteller von Olivenöl. 80 Prozent werden in Andalusien produziert, speziell in der Provinz Jaén, durch deren Landschaft sich endlose Reihen von Olivenbäumen, wie mit dem Kamm gezogen, erstrecken. Olivenernte ist von November bis Februar. Dabei werden die Oliven mit Stöcken vom Baum geschlagen und aufgesammelt. Nur die besten Olivenöle werden durch aufwendige Handpflückung vom Baum gewonnen. Das ist die schonendste Methode der Ernte.

Aceite de oliva virgen extra ist ein reines Naturprodukt. Das Öl ist kalt gepresst (Erhitzung bis maximal 27 Grad) und aus der ersten Pressung gewonnen. Der Säuregrad liegt bei maximal einem Prozent. *Virgen* (wörtlich »jungfräulich«) bedeutet kalt gepresst, mit maximal zwei Prozent Säure. Einfaches *aceite de oliva* ist ein Verschnitt von raffiniertem und nativem Olivenöl.

Bei der heutigen Massenproduktion reicht der traditionelle Pferdemist als Dünger nicht mehr aus. Es wird Chemie eingesetzt, mit Rüttelmaschinen geerntet, und der Wasserverbrauch für die Plantagen ist enorm gestiegen. Deshalb spricht einiges für die hochwertigen, teuren Öle aus dem Ökoanbau. Die Oliven reifen ohne Schadstoffe und werden kälter und schonender gepresst.

Wussten Sie, wie viel Öl ein Olivenbaum im Ökoanbau liefert? Der Ertrag von einem Baum liegt etwa bei 20 Kilo Oliven. Daraus werden zwischen zwei und drei Liter hochwertiges Öl gepresst.

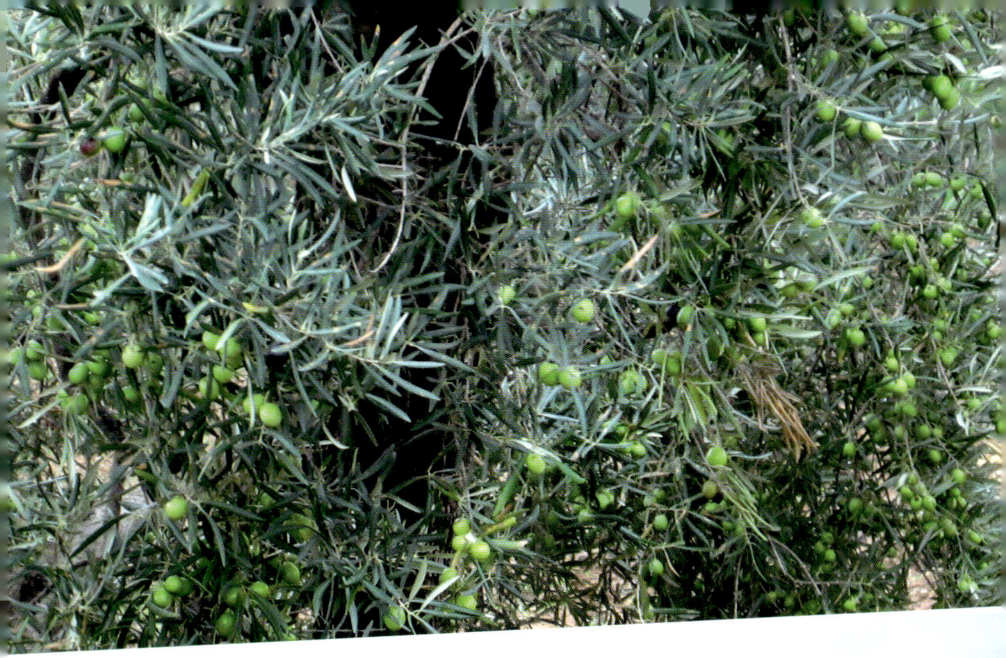

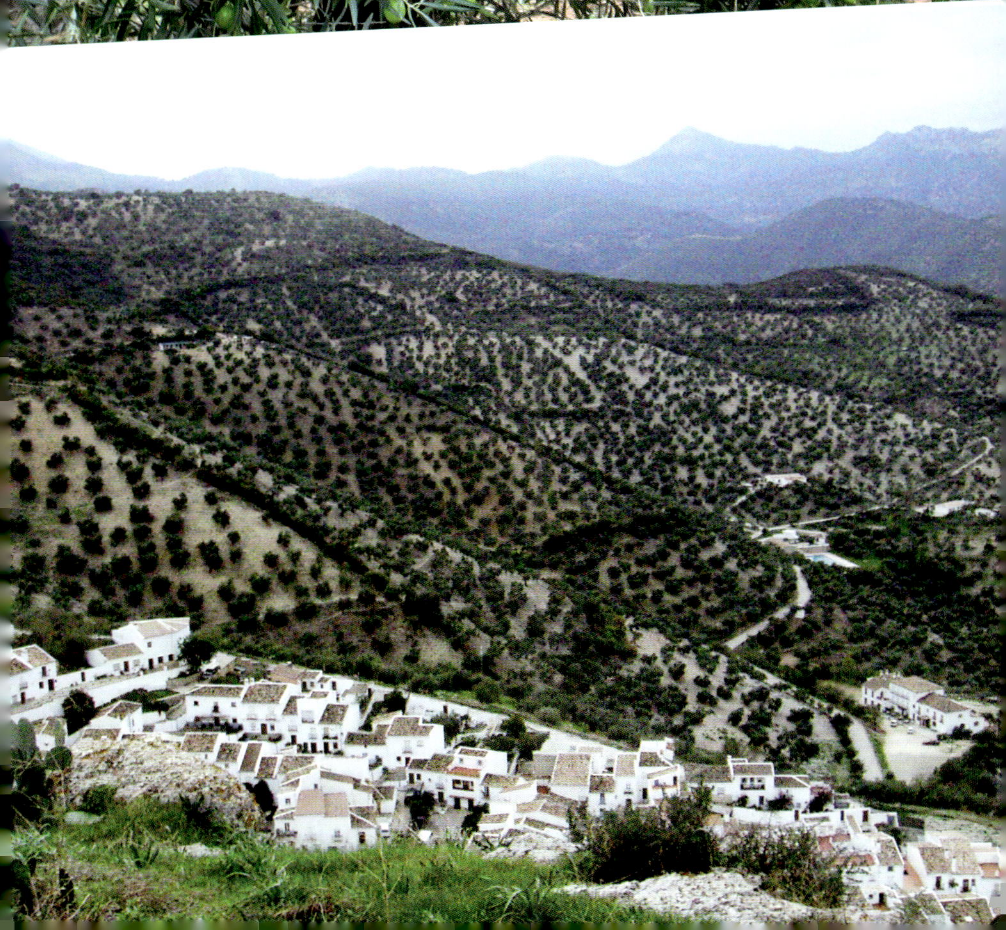

Viuda de
Witwe von

**Als mir unsere Vermieterin ihre Visiten-
karte in die Hand drückt, staune ich
schon ein bisschen: *Doña Pacífica Méndez
Vda. de Almodóvar* steht da in verschnör-
kelter Schreibschrift.**

Pacífica (die Friedfertige) als Vorname
verwundert mich schon lange nicht mehr.
Es gibt auch Frauen, die *Amparo* (Schutz),
Angustias (Angst), *Concepción* (Empfäng-
nis) oder *Dolores* (Schmerzen) heißen.

Méndez ist der Nachname. Was mich
erstaunt, ist das *Vda.*, das heißt *Viuda*. Dass
eine Frau sich als Witwe, als »Überleben-
de« eines Doppelgespanns, definiert und
das nicht nur auf dem Standesamt, sondern auch auf ihrer Visitenkarte, das finde
ich wie zu einem anderen Jahrhundert oder
in eine andere Weltgegend gehörig. Es
erinnert mich an historische Gräber, zum
Beispiel auf dem Wiener Zentralfriedhof,
wo Kommerzienratswitwen und die Profes-
sorengattinnen begraben liegen.

In Spanien gibt es immer noch Frauen,
die nach dem Tod ihres Mannes die eigenen Namen nach außen hin ablegen und
dafür mithilfe des kleinen Brückenworts
de den Nachnamen des Mannes annehmen
und stolz tragen. Ein Relikt aus Zeiten, in
denen die Frauen noch keine Berufe hatten,
gewiss. Und ein aussterbender Zweig: die
»Berufswitwen«. Aber noch gibt es ihn und
für mich gehört er zu Spanien genauso wie
die *Hermanos Fulano* (Gebrüder XY) und die
Rodríguez e Hijos (Rodríguez und Söhne). So
ist die Familie auch nach außen hin sichtbar
und bleibt es sogar über den Tod des Patriarchen hinaus.

Vivienda
Der spanische Wohnungsmarkt in der Krise

Rafael Sánchez hat 2008 zwei Wohnungen in einer Trabantenstadt außerhalb von Madrid gekauft. Eine für sich und seine Frau, als Altersvorsorge. Und eine für seine Tochter Cristina und deren Familie.

Nun geht er in Pension und möchte die Wohnung, die er für 185.000 Euro gekauft hat, wieder verkaufen, denn die Mieteinnahmen sind drastisch gesunken. Aber aus der Vorstadt ist innerhalb von wenigen Jahren eine Geisterstadt geworden. Die vielen Leerstände, die schlechte Verkehrsanbindung nach Madrid und eine mangelhafte Infrastruktur schrecken Käufer und Mieter ab. Mehr als 110.000 Euro wird Rafael nicht erzielen, so rapide sind die Immobilienpreise in den letzten drei Jahren gesunken. 3,1 Millionen leer stehende Wohnungen gibt es heute in Spanien und daran wird sich so schnell nichts ändern.

Wenn Tochter Cristina oder ihr Mann arbeitslos werden, wie 23 Prozent ihrer Landsleute, wenn sie ihre Hypothekendarlehen nicht mehr bedienen können, dann droht ihnen die Zwangsversteigerung. Die Krise trifft bereits Tausende Familien in Spanien. In Madrid allein werden täglich etwa 40 Familien aus ihren Wohnungen geräumt. 300.000 Zwangsvollstreckungen wurden bereits ausgesprochen, etwa die Hälfte durchgeführt. Eine Bürgerplattform kämpft gegen Zwangsräumungen und für das Recht auf ein Dach über dem Kopf. Banken werden von der Politik angehalten, die Kreditlaufzeiten zu verlängern oder die Wohnungen zurückzukaufen und sie an die früheren Eigentümer zu vermieten. Kein schlechtes Geschäft, denn Mieteinnahmen sind immer noch besser als Leerstände und gar keine Einnahmen. 80 Prozent aller Spanier sind Wohnungseigentümer, aber seit 2007 haben die Wohnungen im Durchschnitt um 30 Prozent an Wert verloren und die Familien sind hoffnungslos überschuldet. Alles wird in Raten bezahlt: Wohnung, Auto, Einrichtung, sogar die Schulbücher und -uniformen zum Schuljahresanfang. Eigentlich gehört alles den Banken.

Rafaels Enkel ist als Erasmus-Student in Deutschland. Wenn er sein Studium beendet hat, will er sich in Deutschland auch um einen Arbeitsplatz bewerben. Rafael Sánchez kann das verstehen.

»Komm in dein Haus und bezahle in 8 Jahren. Zinslos«

Zapatillas Munich
München-Schuhe aus Barcelona

Hätten Sie gewusst, dass es neben Camper einen zweiten katalanischen Traditionsschuhersteller gibt, der seine Schuhe in die ganze Welt exportiert?

Luis Berneda, der seine Firma 1939 gegründet hatte, taufte sie bereits 1964 in Munich (München) um, weil er italienisches Design und deutsche Technik miteinander fusionieren wollte. Die Firma existiert bis heute und ist mit 850.000 Paaren produzierter Schuhe, vorwiegend junge, trendige Freizeit-Sneaker und Sportschuhe, sehr erfolgreich.

Eine Besonderheit: Im Online-Shop von Munich können die Kunden sich ihre Schuhe selbst zusammenstellen. Dabei können sie nicht nur zwischen Hunderten von Modellen und Farben wählen, sie können sich alle Einzelteile, von der Sohle über die Lasche, die Zierbänder, die farbigen Schnürsenkel und das Fersenleder, individuell zusammenstellen und nach eigenem Geschmack kombinieren. Was herauskommt, ist zwar kein Maßschuh, aber immerhin ein Unikat. Die Schuhe werden nach Bestellung individuell in Barcelona gefertigt. Die Produktionszeit beträgt nur wenige Tage. Und die Preise sind im Vergleich zum Service moderat.

Munich-Shops gibt es bisher in Spanien, in Irland und in Japan. Wenn Zapatillas Munich seinen Siegeszug fortsetzt, werden wir über kurz oder lang wohl auch einen Munich-Shop in Alemania haben, warum nicht in München?

Danksagung

Ich danke allen Helferinnen und Unterstützern sehr herzlich. Allen voran Kirsten Lux auf La Palma für ihre Fotos und ihren textlichen Input zu den Themen Kinder, kanarische Küche und Karneval. Markus Claeßens, der mir wunderbar authentische Bilder aus seinem Blog »Markus in Madrid« zur Verfügung gestellt hat. Gabi Fischer von Weikersthal, die von ihrem Domizil an der Algarve mit der Kamera Ausflüge hinüber nach Spanien gemacht hat, um einige noch fehlende Motive zu schießen. Eva Brandecker für zwei stimmungsvolle Portraits. Hubert Stähle, der in Bilbao auf Fotopirsch ging und Ottmar Neuburger, der die beiden Fischverkäufer auf dem Markt in Jerez de la Frontera mit ihren blinkenden Messern ablichtete, nicht ohne vorher ihr Einverständnis einzuholen. Er war auch, wie immer, mein erster Lektor. Birgit Schmidt-Hurtienne für Geduld, Anregungen und kritische Manuskriptdurchsicht.

Herzlichen Dank schließlich an Carlos Ortega, Direktor des Instituto Cervantes in Bremen, für sein trotz Arbeitsbelastung und sehnlichst erwartetem Familiennachwuchs geschriebenes Vorwort: *Muchísimas gracias, Carlos, y ¡enhorabuena!*

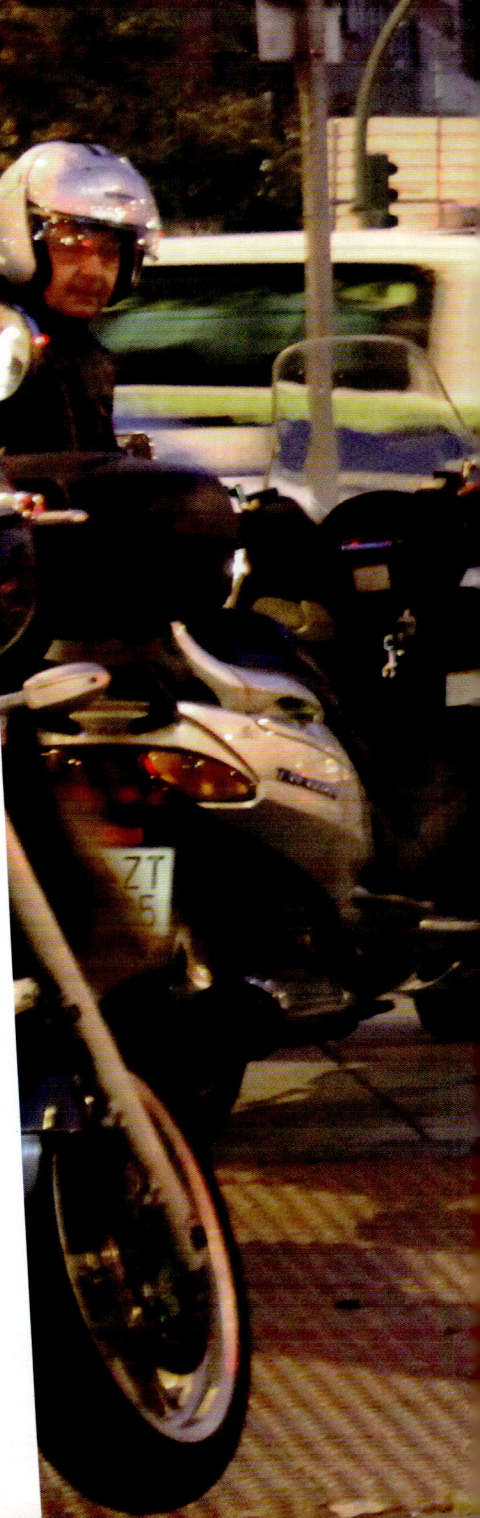

Erleben Sie Andreas Drouves Selbstversuch mit der spanischen Gesellschaft: 52 Momentaufnahmen, satirisch verdichtete Essays, skurrile Geschichten und Reportagen.

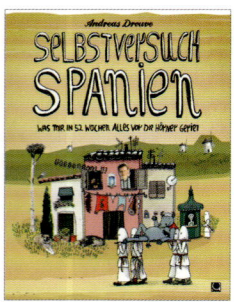

Andreas Drouve
Selbstversuch Spanien
ISBN 978-3-934918-78-8

Stets mittendrin und mit einem Augenzwinkern, schreckt Andreas Drouve vor keinem Tabu zurück und ist niemandem verpflichtet, keinem Stierzuchtbetrieb, keiner Partei, keiner Fluglinie, nicht einmal dem guten Geschmack. Er singt einen Abgesang auf den spanischen Macho, überlistet die Gasgesellschaft, feiert mit Feuerläufern und Stelzentänzern, stößt als Jakobspilger-Souvenir auf das »Gummi des Weges« und gerät in die Tentakel absurdester Bürokratie. Über allem schwebt die Frage: Ist Spanien wirklich so anders?

Begleiten Sie Drouve einmal quer durch die Wirrungen seiner Wahlheimat und seien Sie dabei, wenn Spaniens Wirklichkeit die Klischees übertrifft. Manches wird Ihnen Spanisch vorkommen. Manches noch merkwürdiger.

»Die Beobachtungen aus dem iberischen Alltag von Andreas Drouve klingen satirisch-provokant und spiegeln doch meist lediglich die reine Realität wider. Der Autor beschreibt Spanien aus einem kritisch-liebevollen Blickwinkel, den man nur als langjähriger Wahl-Spanier erlangt. Wir haben uns darin wiedergefunden und immer wieder köstlich amüsiert.« (Alexander zur Linden, Wochenblatt der Kanarischen Inseln)

»Gnadenlos und doch charmant. Ausgezeichnete Lektüre.« (Ralph Schulze, SPANIEN LIVE)

www.selbstversuch-spanien.de

Locker und lehrreich präsentiert Murat Topal in amüsanten Episoden voll Multikulti und Action sein ganz persönliches Berlin

Murat Topal
Berlin – ein Heimatbuch
ISBN 978-3-934918-84-9

Eigentlich wollte Murat den Sommer entspannt zu Hause verbringen, die Zeit mit der Familie genießen und an seinem neuen Programm schreiben ... Aber es kommt anders.

So unerwartet wie unpassend kündigt ein alter Schulfreund seiner Frau einen mehrwöchigen Besuch an. Murat schwant nichts Gutes. Kann jemand, der Berlin bislang nur aus Büchern kennt und seinen Spitznamen „Karl" dem Besserwisser aus der TKKG-Bande verdankt, ein pflegeleichter Gast sein? Insbesondere wenn er gleich zu Beginn fragt, ob ihm Murat als Urberliner nicht den einen oder anderen Insider-Tipp geben könnte?

Folgen Sie Murat und Karl auf ihren Streifzügen durch die Hauptstadt, zwischen Kottbusser Tor und Karneval der Kulturen, auf den Spuren von Frontstadt und Frontscheibenvarietés, mit Taxi und BVG bis in die fledermausumflatterte Zitadelle Spandau.

»Ein Buch, aufgebaut wie ein Sketch des Comedian: Locker und amüsant.« (Kieler Nachrichten)

»Das neueste Buch des erfolgreichen Comedians zeigt Berlin, wie es wirklich ist: Multikulti, cool und aufregend - so wie die Stadt nur Insider kennen. [Murat Topal präsentiert] dem Leser kurzweilige Episoden voller persönlicher und lustiger Berlin-Erlebnisse.« (Gabriele Pagenhardt von Mainberg, suite101)

www.heimatbuch.de

CONBOOK VERLAG
www.conbook-verlag.de

Wie Sie mit spanischen Geschäftspartnern, Kollegen und Mitarbeitern erfolgreich zusammenarbeiten

Job und Privatleben strikt voneinander zu trennen, kann sich in der spanischen Geschäftswelt niemand vorstellen. Stattdessen lautet hier die Devise »business is personal«: Sich persönlich gut zu kennen und einander zu vertrauen, bilden Grundvoraussetzungen jeder beruflichen Verbindung. Belohnt wird die damit verknüpfte zeitintensive Beziehungspflege mit einer langfristig stabilen Partnerschaft. Spontanität, Flexibilität und ein gewisses Feingefühl flankieren den Erfolg gemeinsamer Projekte.

*Die Ratgeber der Reihe **Geschäftskultur kompakt** bieten Erfolgsrezepte für die Kommunikation und Kooperation über Ländergrenzen hinweg: Wie führen Sie Gespräche stringent, aber kultursensibel? Wie verfolgen Sie Ihre Ziele konsequent, aber beziehungsorientiert? Wie gestalten Sie die Zusammenarbeit zielführend, aber harmonisch?*

Länderexperten bringen die Charakteristika einer Geschäftskultur auf den Punkt und geben Unternehmern, Selbstständigen und Arbeitnehmern konkrete Tipps für einen professionellen, selbstsicheren Umgang mit kulturellen Unterschieden in einer globalisierten Arbeitswelt.

Alexandra Metzger
Geschäftskultur Spanien kompakt
ISBN 978-3-943176-22-3

www.geschaeftskultur.de

Nicht lang schnacken! Ein amüsanter Streifzug durch die Elbmetropole

Hamburg, das ist nicht eins, das ist vieles: Alster und Elbe, Hafen und High Society, Kiez und Klüngel, HSV und FC St. Pauli, ein dauerverregnetes Tor zur Welt. Hier kann man das Meer riechen, aber noch nicht sehen.

In Tania Kibermanis' Reigen von Geschichten geben sich Bürgerkinder und Punks, Neureiche und Abgestürzte, Schnösel und Seeleute die Klinke in die Hand. An ihrer Seite führt das Heimatbuch Hamburg durch einen Tag in der Stadt der Kontraste: Vom Fußballstadion über Elbstrand und Hafen bis zur Rennbahn, von einer Wohnungssuche mit Tücken über eine Beerdigung bis vor die Füße eines entführten Pinguins. Tief ins Herz der Stadt und ihrer Bewohner geht der Weg – und an zauberhafte Orte, die sonst kaum jemand kennt.

»Tania Kibermanis beweist mit ihrem Heimatbuch ein Auge für die Menschen – und das macht viel mehr Spaß, als Kirchen und andere Touristenattraktionen zu bestaunen!« (Günter Zint, Kiezfotograf & Museumsbetreiber)

www.heimatbuch.de

Tania Kibermanis
Hamburg – ein Heimatbuch
ISBN 978-3-943176-19-3

CONBOOK VERLAG
www.conbook-verlag.de

»Dieser Ratgeber bringt uns das Fremde nahe, anstatt von oben herab eine bizarre Szenerie zu betrachten. Er macht sich nicht lustig und ist gerade deshalb amüsant.« *(DIE ZEIT)*

Leidenschaftlich, stolz, offen: So stellen wir uns die Spanier vor. Und wundern uns, wenn sie ihre Privatwohnung wie eine Festung gegen Eindringlinge hüten und am Telefon statt ihres Namens ¿Digaaaaa? in den Hörer bellen. Seien Sie nicht überrascht, wenn Ihnen Spanier begegnen, denen Flamenco und Stierkampf ungefähr so fremd sind wie uns selbst.

Begleiten Sie Lena in ihrer Wohngemeinschaft in Alicante und Tom und seine Kollegen in ihrer Software-Firma in Madrid und tappen Sie mit den beiden in alle bereitstehenden Fettnäpfchen. Lernen Sie dabei die Spanier kennen und erfahren Sie, wie sie wirklich ticken.

»Das Buch ist eine große Hilfe für den Alltag in Spanien und man lernt darin eine Menge über die spanische Sprache und Kultur.« (Lisa Flötzner, ECOS)

»Eine ideale Vorbereitung für den Spanienurlaub und ein Muss für jeden Spanischlernenden. Wer sich Peinlichkeiten im nächsten Spanienurlaub ersparen möchte, dem sei der Fettnäpfchenführer sehr ans Herz gelegt.« (Christoph Merker, Berchtesgadener Anzeiger)

»Auch erfahrene Urlauber können in den 33 Episoden noch einiges über das beliebte Reiseziel lernen.« (Tanja Lemke, Condor Bordmagazin)

Lisa Graf-Riemann
Fettnäpfchenführer Spanien
ISBN 978-3-934918-75-7

In der Länderdokumentationsreihe 151 außerdem erschienen

»Sorgfältig recherchiert, nie von oben herab und voller Empathie für die Menschen Südafrikas, zeichnet Elena Beis ein buntes Bild vom Alltagsleben an der Südspitze Afrikas. Hervorzuheben ist die besonders gelungene Einbindung von höchst treffenden und optisch wertvollen Fotos. Mit 15 Jahren Südafrika-Erfahrung ist mir dieses Buch eine uneingeschränkte Empfehlung wert.« (Johannes Köring, kapstadt.del)

Elena Beis
Südafrika 151
ISBN 978-3-943176-18-6

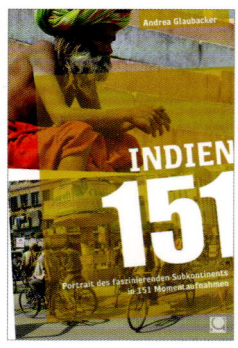

»Aus aktuellen Meldungen, Hintergrundinformationen und eigenen Erlebnissen formt die Autorin ein Bild von Indien, wie es treffender nicht sein könnte. Ihre persönlichen Eindrücke und ihr Blick hinter die Kulissen bereichern die fundierten Recherchen der studierten Kulturwissenschaftlerin. Für Liebhaber Indiens und diejenigen, die das noch werden wollen.« (Traudl Kupfer, Indien Aktuell)

Andrea Glaubacker
Indien 151
ISBN 978-3-943176-02-5

CONBOOK VERLAG
www.conbook-verlag.de